戈壁母亲的女儿们
——兵团第二代女性口述故事

余婧华 编著

新疆生产建设兵团出版社

图书在版编目(CIP)数据

戈壁母亲的女儿们：兵团第二代女性口述故事 / 余婧华编著. -- 五家渠：新疆生产建设兵团出版社，2020.12（2024.4重印）
　　ISBN 978-7-5574-1557-0

　　Ⅰ.①戈… Ⅱ.①余… Ⅲ.①生产建设兵团—史料—新疆 Ⅳ.①F324.1②F327.45

中国版本图书馆CIP数据核字(2022)第004996号

责任编辑：郭桂荣
责任校对：蒋紫薇

戈壁母亲的女儿们：兵团第二代女性口述故事

出版发行	新疆生产建设兵团出版社	
地　　址	新疆五家渠市迎宾路619号	
邮　　编	831300	
电　　话	0994-5677185	
发　　行	0994-5677116	
传　　真	0994-5677519	
印　　刷	永清县晔盛亚胶印有限公司	
开　　本	787毫米×1092毫米　1/16	
印　　张	14.75	
字　　数	218千字	
版　　次	2020年12月第1版	
印　　次	2024年 4月第2次 印刷	
书　　号	ISBN 978-7-5574-1557-0	
定　　价	59.00元	

代序

余婧华是我在石河子大学中文系任教时表现非常优秀的一位学生。记得的已是这个世纪初,她与一帮同学一起随我做兵团第一代女性的调研,尤其是对50年代初进疆女性进行采访,她是其中最活跃、最勤奋也最投入的骨干成员之一。当时我开设了女性文学研究的课程,她特别喜欢,很受启发,后来毕业论文也选择了女性文学问题作为研究对象,在全校优秀论文答辩中,她以鲜明的观点,严谨的思辨,锐利的言辞,赢得现场同学们的满堂掌声。

转眼近20年过去了,如今她已成长为石河子大学的优秀老师。看到她的成长与成熟,有一种由衷的欣慰。前不久,她在微信中谈及她带着学生一起在做兵团第二代女性口述实录的工作,希望我能为即将出版的口述实录著作《戈壁母亲的女儿们——兵团第二代女性口述故事》写序。虽然我离开新疆返回长沙近20年,但曾有过18年的兵团生活经历,将自己的青春与理想给予了那片热土,对边疆戈壁女性的生存与生活有一种由衷的关切与怀想。读着余婧华和她的学生们用两年多时间行走在新疆这全国六分之一的土地上,走近第二代兵团女性,用心用力进行的采访与写作,倾听着她们鲜活的生命故事,真切地体验与感受着她们每一个个体生命的苦乐日常,她们的热爱与奉献、追求与梦想、幸福与疼痛、淡定与坚韧……

回望历史,新疆这辽阔而艰韧的大漠戈壁孕育了无数优秀的兵团人。他们来自祖国各地,汇聚于此,在动荡的岁月中为祖国稳定西北做出了重要贡献。老一代拓荒者以艰苦奋斗、勇于开拓、顾全大局、无私奉献的精神,创造了开垦荒漠、繁华绿洲的奇迹。如今,兵团人成为维稳戍边与建设边疆最重要的群体。他们既是普通百姓又是民兵;他们既是生产队又是工作队,还是战斗队。兵团人诚实、拼博、服从、团结,有组织性、有战斗意志、有奉献精神。这成为兵团的一种文化,也是兵团精神的充分体现。

兵团第二代女性,她们生在兵团,长在兵团,扎根在兵团,从小耳濡目染,深切感受着兵团文化的熏陶,自身有着兵团的红色基因。老一辈兵团人为建设家园吃苦耐劳、奋斗奉献的精神,塑造着她们的生活理念,影响着她们对兵团文化的记忆和认同。"我是兵二代,我骄傲,我自豪。"虽然她们的童年大多贫困,物资匮乏,兄弟姐妹众多,缺少家人细致的陪伴和教育,尽管物质资源不够丰富,但生活在兵团这个大家庭的她们,始终有一种兵团人的自豪与快乐,韧性与坚强。来自五湖四海的第一代兵团人总是能团结在一起,互相帮助、互相照顾,而作为戈壁母亲的她们延续着兵团人这份淳朴的爱和温暖,她们用实际行动爱着家人,爱着兵团。在艰苦生活环境的磨炼中,她们没有一般女性的娇弱与依赖,总是和男性一样干着苦活、累活,她们一辈子为了孩子、家庭与兵团建设,吃苦耐劳、任劳任怨。她们当中有的是地地道道的团场职工,一辈子耕耘在沙漠中开垦出来的土地上;有的是学校教师,从没有停止过自我的努力和学习,希望能尽己所能,给予兵团子弟最好的教育;有的是个体经营户,没有学历,也不会种地,凭着兴趣在团场的某个角落开个小照相馆、小饭馆、小服装店;有的一辈子都在打散工,一家人聚少离多,四处奔波;还有的是普通工人,为了方便照顾老人,一辈子守在这片土地上。兵团第二代女性无疑是边疆建设最重要的见证者与参与者。

兵团第二代女性在传承了老一辈兵团人精神的传统上,也在与时俱进,追寻着自己生命的精彩。兵团的教育体制整体比较完善,兵二代一般都受过良好的教育,整体文化素质较高,眼界也更为开阔。她们思想更自由,对情感要求更高,对事业追求更有闯劲。在家庭中,她们喜欢享受生活,注重孩子的家庭教育和对家人的照顾,有自己的主见和想法,大胆追逐梦想。在工作上,她们在逆境中生存,有创业精神,勇于走出舒适圈,她们渴望干一行便干好一行,自食其力闯出一片天地。兵团文化广博、深厚,就像坚韧的胡扬,兵团第二代女性也有着胡杨般的生命韧性,勇往直前,将生命融入兵团的每一寸土地,兵团永远是她们心灵的根,是她们永远的家。

兵团第二代女性是兵团第一代母亲的女儿,也是兵团第三代的母亲,她们有着母性的善良温婉、牺牲坚韧,她们更有着所谓传统定义男性的敢作敢为,勇于担当。作为占据兵团一半人口的兵团女性群体,她们在创造生命的同时也创造着物质财富。如今边疆的建设与发展已经进入了一个崭新的历史时期,兵团更加需要新生力量的参与与融入,需要兵团人加强对自身的身份认同和文化认同,需要更多的人来传播兵团精神和兵团文化,兵团第二代女性,她们在边疆建设发展历史中,其身份、地位与奉献不可忽视、不能遗忘也无可替代!

张吕教授　于长沙

2021年1月22日

前言

在近三年的时间里，因为各种机缘，我采访了25位出生于20世纪60—70年代的兵团第二代女性和1位男性。我多次与受访者接触，有时还会和她们一起生活、工作、游玩，近距离的感受她们的日常。

在选取采访对象时，我尽量涉及兵团第二代女性的各类群体：常年和土地打交道种棉花的团场职工、自主谋生的个体户、团部机关的干部和科员、大中小学教师、下岗再就业的工人和漂泊的打工人。

她们的婚姻状况也有不同：多数相夫教子生活稳定，少有晚婚丁克或不婚，还有几人离异独身或再婚。

为了呈现视角的多样性，我还特别选择了两名采访对象：一名是在兵团长大工作了一段时间后迁往内地的女教师，她经常回兵团探亲，一次次看到了兵团的巨大变化，内心有很多不同的感受；一名是在兵团长大工作了一段时间去美国发展拥有绿卡的男性，他从男性及跨文化的角度讲述了母亲和姐姐的故事，还将自己在团场的大院打造成了"军垦二代博物馆"。

我们做了大量的采访和文字整理工作，有的采访对象表述能力强，不需要做大的改动，有的采访对象害羞，不善言谈，过于口语化，我们尽力保持着口述的特色，不做文学的加工处理，就是希望能够向读者们展示兵团第二代女性真实的人生故事，是她们为兵团注入了生命的能量，她们是戈壁母亲可爱的女儿们。

在采访的过程中，还发现了一个有趣的现象，采访对象无论是朋友关系还是姐妹关系，她们的采访内容明明有重叠之处，但仔细聆听，会发现每个人的讲述里都有的着渺小而隐秘的心思，即使是姐妹共同的生活，讲述后也会有着故事的AB面。我想，这可能就是口述故事的魅力所在，真实中遮掩着内心小小的羞涩与胆怯。

在此特别感谢各位访谈对象的信任，愿意面对镜头分享她们的人生故事，让我们一次次在领悟中成长。感谢参与本书文字整理工作的曹一凡、周雪、刘佳艺、姜织绵和韩海江同学，难忘一起共同讨论的美好时光。在完成书稿过程中，感谢相关的研究专家、学者、编辑从各自的研究专长给出了很好的建议，感谢张吕教授百忙之中为此书写序，感谢学院领导的支持与帮助。

根据当事人要求，书中部分采访对象使用了化名。

余婧华
2021年5月5日

目录

代序……………………………………001
前言……………………………………005

棉花地里播种希望……………………001
我的文艺梦……………………………011
怕被丢掉的孩子………………………025
我想去城里生活………………………035
生活就是忙忙碌碌……………………043
走南闯北的女人………………………053
知性教授………………………………061
永远的大姐……………………………073
我的母亲和姐姐………………………079
我的团场我的根………………………085
为了生活,一路奔波…………………095

她和父亲、母亲们 …………………………………………… 103
生活就是那么回事 …………………………………………… 109
梦想照亮现实 ………………………………………………… 117
离不开一二六的人 …………………………………………… 127
驼铃梦坡的往事 ……………………………………………… 133
父母在,不远去 ……………………………………………… 141
不服输的女人 ………………………………………………… 147
我只会简单地生活 …………………………………………… 163
一辈子干不完的家务活 ……………………………………… 167
"垫窝子"的孩子 ……………………………………………… 175
要听老人的话 ………………………………………………… 181
下岗再就业 …………………………………………………… 191
要说就说兵团话 ……………………………………………… 201
戈壁红柳 ……………………………………………………… 209

后记 …………………………………………………………… 225

棉花地里播种希望

口述人：第七师一二六团　马新花

　　服装店自负盈亏，棉花地里日耕夜作，赔了几年。她一直希望通过勤劳的双手改善自己的生活。面对一次次棉花歉收，倔强的她从未低头。

一、我的大家庭

1. 家的变迁

我在一二六团砖厂出生,在五连长大,家里一共8个孩子,我是老六。小时候我们住的都是地窝子,三四岁才住到窑洞,8岁时搬到了五连,我才第一次看到了电灯。我们住的土房子是统一盖的,一排排的,一户挨着一户,每家的子女都特别多,房间面积小小的,特别挤,也没有什么家具。到了20世纪80年代,家里条件好一点了,才专门请人来家里做了几件家具。慢慢地姐姐出嫁了,哥哥也结婚了,家里才宽敞起来。

2. 吃最快乐

我的父母都是职工,每天都要干活,根本没有时间管我们这一堆孩子。我们的日子过得比较拮据,那时候白面特别少,只能吃一些玉米面,好在还是可以吃饱,过年的时候还可以吃到肉。所以过年是我们小孩子最快乐、最开心的时刻。平时根本没有什么新衣服穿,衣服、鞋子大的穿了小的穿,穿烂了就补丁摞补丁，真的是"新三年，旧三年，缝缝补补又三年"。

小时候我们都干过许多"坏事儿"。记得家里有个柜子，里面放着饼干和糖，我们趁大人不在就会去偷吃。哥哥们胆子大，他们偷得多，我年纪小胆也小，不敢偷。其实父母早知道是我们把饼干和糖偷吃了，可能也是心疼我们，从没因为这个打过我们，不过谁要在外面偷东西那是要被打的。那个时候哥哥他们偷过果子，偷过菜带回来吃，虽然全家吃了，但是哥哥还是会挨打。

1968年，马新花及家人

3. 走路上学

我上学时很辛苦，要走二三公里才能到学校，也没有自行车，天天一堆孩子在土路上走，灰尘荡得到处都是。兵团一直比较重视教育，学校的教室都是砖房，是团里最好的房子。

学校冬天要烧炉子，需要学生自己捡柴火。每天都是几个孩子带点柴火去教室架火，煤是学校买的，存放在教室里。那个时候的老师挺好的，是本连固定职工，他们的文化程度虽然有限，不过教得还可以。他们对女孩子要好些，对调皮的男孩子会采取打的方式，不管怎么说老师还是挺有爱心的。那时候当教师有固定工资，家里生活条件相对来说要好一点，而且他们生的孩子少，和其他家庭比起来，生活质量也高一些。

二、成长趣事

那个时候只有团部才有门市部,就算有钱买东西也要跑3公里到团部去买。连队有口抽水的井,每天只有固定时间才能去打水,大人、孩子都要去挑水。我家离挑水的地方有1公里多,13岁左右我就开始挑水,挑来的水主要也是用来吃,基本不会用来洗澡。小孩子基本没有人管,大一些的孩子爱美还好点,会收拾自己,会在家里打盆水洗洗擦擦。

除了吃水的井,连队里没有河,只有一条灌溉大渠,是浇大田用的,水流急,比较危险。渠边玩的男孩子多,也出过事,真有孩子被水冲跑淹死了。我到渠边玩过一次,回家后就挨打了,后来再也不敢去了。

父母没有时间也没有知识教我们,只是用行动来影响我们。他们做的事情,我们都看到眼里,比如我哥偷东西,他们不会讲道理,就是打一顿。他们没有时间也没有心情管我们,教育方向就是要求孩子将来做一个好人。穷的时候每家的差距不大,揭开锅每家饭也差不多,孩子少的家庭个人卫生好一点。我有了孩子以后才理解父母的不容易,现在带一个孩子都那么难,他们拉扯那么多孩子真是相当不容易。

我是姐姐带大的,她比我大16岁,对我来说,就像半个妈妈一样。我的衣服是她做的,头是她给我梳的,那时候家家都是这样,大孩子带小的。

小时候最怕的就是大姐,她管的最多,一不听话她就会收拾我。现在大了也不怕了,姐姐也在慢慢变老。

三、"丢"自行车

1. 自行车被骗走

最难忘的事情是丢了家里唯一一辆值钱的大件:自行车。那年我13岁,骑着自行车到团部买东西,路上遇到四五个男孩子,他们看着就比较调皮,大概18岁左右的样子。他们走过来和我说:"用下你的车子吧,我们有急事。"看我不愿意就说:"你怎么这么小气,车子也不给用,一会就还给你了。"我年纪小,脸皮薄,就答应了他们,然后一个人站在路边等他们回来还车子,可是等到天黑他们也没有回来,当时就想到自己是上当了,车子被骗走了,丢了! 我把家里唯一一辆值钱的自行车丢了!

我不知道回家怎么交代,边走边想肯定要挨打。回家后给父亲说我把车子弄丢了,没有说是被人骗的,父亲没有吭声,没有吵也没有打,母亲只说丢就丢了吧,哥哥、姐姐也没有人指责我。我只在私下里给大姐讲了车子是怎么丢了,她也没有说啥,也没有吵我。那个时候家里条件那么差,只有一辆自行车,看大家难过,我心里更难过了,心想我给家里带来了一个大损失,负担太大了,如果父母打我一顿,我肯定还会好过一点。那时候自行车是家里唯一的交通工具,好多家连自行车都没有。

我偷偷地在被窝里哭了一夜,一直都不肯原谅自己,觉得自己太愚蠢了。现在想想是小时候善良,才会被人骗。是爸爸让我看到了父爱如山,是家人让我看到了什么是宽容。现在每次教育孩子的时候,我都会想起这件事,就想大人应该心胸开阔一些,好多事不要和孩子计较,这可能对孩子更有教育意义。

2. 嫂子进门

我从14岁开始做饭,嫂子嫁进来就和我一起做。两个哥哥嫂子和父母一起住了好多年,一起吃饭,从来没有生过气,拌过嘴。母亲这个婆婆做得特别好,从不挑剔,对媳妇比对女儿还好。如果家里做了好吃的,哪个媳妇回了娘家不在家,母亲就会给这个媳妇留下一半,一大家子吃另一半。给嫂子做月子饭和好吃的从不让我们吃。那个时候我觉得不公平,不理解母亲,但现在挺佩服她的。

3. 假想的重男轻女

小时候我们不是在学校上课,就是在家里干活,没有地方可以去。孩子们看到父母很辛苦,天天都在干活,也愿意承担一些家务。我有两个弟弟,他们年纪小干活比较少。家里母亲干的活基本上都由女儿来承担,比如做饭、打扫、洗衣等,而父亲干的活都是由男孩儿来干。家里孩子多,母亲被磨得没有性子了,身体也不好,好多家务活都不想干了。父亲好强,自己能干的活都自己干,舍不得让儿子干,所以长大后家里的男孩儿都不爱干活。那时候我觉得父亲重男轻女,只知道疼儿子,现在想想也不是,父亲的精力也是有限的,他只能把男人干的活干完,不只是偏爱男孩儿,他是疼所有的孩子。

在这样的家庭长大后,我发现男孩子们会更优秀,他们在家里受打压的时间少,有更多的时间和外面的世界接触,更有胆识,心胸也更开阔一些,敢出去闯。他们现在都很孝顺,对父母、姐姐都很好。

4. 三姐

三姐1965年出生,30岁才结婚,嫁到了乌鲁木齐,她那个年纪那么晚结婚压力是很大的。她结婚时她同学的孩子有的都十几岁了,别说我们是回族,就是汉族都算是另类了。但我的父母一直都没说过她,只有大姐有一次说了她:"给你介绍谁也不愿意,你不是变态吗?"我从小和三姐一起住,一起长大,听大姐这么讲特别不舒服,当时就不愿意了。我就和大姐讲:"父母亲都没舍得伤三姐,你为什么要说这么难听的话?"现在想想我们的父母没什么文化,但在大事情上真的是很宽容的,对孩子真好!

四、人生波折

1. 打工,创业

我学习成绩不好,初中毕业就不上学了,厂子招人我就去了乌鲁木齐毛纺厂上班,干了三年,但心里总觉得还是家里好,不想在外面生活。我从小生活圈子就小,看问题也不开阔,在家里待习惯了,特别恋家,没有想出去闯的想法。从厂子回来之后就在五连批了工作去包地种棉花。连里给我分了十几亩地,我一个女孩根本干不了,家里人就来帮忙,打埂子、浇水,但我没舍得叫父母来干过。那时候包地挣不上钱,一年下来还赔了钱,好像和我一起批工作的年轻人都赔了钱,个别的也只挣了几百块。

干了几年都不行,我就回家待了几年,没对象,没结婚。从乌鲁木齐回家后我再也没有想过出去打工挣钱,出去没有安全感,还是在家好。我父母特别疼孩子,从不给我压力,20多岁没结婚也不着急。后来哥哥给我转了一个小店,我就一个人开了一个小饭馆,卖小菜、拌面什么的,干了几年挣了一点钱。那真是全部靠自己干,特别辛苦。那时候大家不舍得出来消费,老爱欠账,吃饭的钱要等好久才能要回来,资金周转起来有点困难。

有时候我说要出去打工,父亲就说:"别去了,在家我养你。"好像只要自己孩子在家住着,不管多久他们都愿意养着。父亲认为我的压力已经够大了,不能再给我找麻烦,也特别希望孩子们一直跟在他们身边。

2. 开荒,种地

认识老公后,小饭馆就不干了,谈了一段时间恋爱就结婚了。老公是新一连的职工,我们两个结婚以后就去新一连开了两三百亩荒地种地去了,一直种到现在。前几年棉花收成比较好,大家都挣到钱了,我们就想着开荒种地挣钱快,而且自己种比较自由。但现实远没有想象的那么好,我们开的那片荒地盐碱太重了,两人没有经验,年年投资,却年年白辛苦挣不到钱。

有一句话很有道理:"选择比努力重要。"我们那时候只顾着把荒地开了,全心全意地干,想着即使干得不好,也要干得漂亮。我们两人都比较要强,觉得这地花了这么久的心血,扔掉了不甘心,那种感觉就像是自己养了一个残疾的孩子,扔了良心会过不去不舍得,虽然这个孩子成不了材,还是个负担,我们一直坚持了好几年,土质最近一两年才好些了,没赔那么多成本,现在回过头来看,也许当初我们离开这里,早点放弃这片荒地,生活会过得更好。

3. 播种,赔钱

包地后难忘的事情太多了,全是艰辛。春天播下的全是希望,秋天收获的时候却是失望。那时候地确实不行,产量不行,心里感觉不平衡,压力好大,年年抗压,好多感觉说都说不出来,全是难。

我特别能干地里的活,要干就要把它干好。无论扮演什么样的角色,我都会做好这个角色该做的事。比如在家休息时,就好好在家享受;在地里干活时就付出十分的力气;后来开服装店也十分用心去开店;教育孩子也十分用心。

其实如果我有聪明劲儿,估计早放弃了那片地,我太固执了。有时候想想如果当初种连队的地,肯定比开荒地强多了,应该早挣到钱过上好日子了。在这个过程中,我确实努力了,但选择错了,付出了太多的代价。

4. 教育孩子

刚结婚的时候经济条件不好,害怕孩子不幸福,想着就算我自己受了罪,也不能让孩子受影响。所以一拖再拖,就晚了几年要孩子,只生了一个。现在荒地养好了开始挣钱了,我就在家里照顾孩子,她每天放学要按时回家吃饭,我就得准点给她做饭,看着她写作业。我闲不住,不想天天在家里等着,就开了这家服装店。服装店离家里近,还能照顾到孩子,不过生意一般,只能挣个生活费,但比不干强。

如果孩子长大了,我希望她不要再在这里待着了,外面的世界更广阔一些。我特别喜欢有知识、有文化的人,也想把孩子教育成一个有知识的人。我相信每个父母的心情是一样的,只是表达出来不一样。小时候我不爱学习,老师来家里告状,父母的心情肯定是很难受的,但他们并没有表达出来,没有打我,反而都内化到心里了。现在我对我的孩子有什么想法就表达出来,她学习偷懒了我会打她,其实就是想让她好。我还会给孩子说:"妈妈爱你。"如果孩子像我小时候那样丢了自行车,我也不会骂她,但一定会表达出来我的想法。

五、我的兵团

1. 兵团认同

我非常认同自己的兵团人身份,这是种根深蒂固的观念,甚至觉得兵团和地方从体制、政策、环境等方面区别都挺大的。兵团在教育、审美、人情世故几个方面都做得很好。兵团人特别有素质,精神都非常可敬,他们诚实、拼博、服从、团结、有组织性,这些都是地方的人没法比的。作为兵团人我有骄傲感,始终觉得兵团人比其他地方的人强。

2. 兵团女人

我们这代女性和母亲那代女性相比,很多事情上有了很大的选择性,我们敢去追求想要的东西,人情世故方面也简单,少了好多琐碎。我们这一代女性开始追求自我、会享受生活、会理财、不再那么节约。主要是生活压力没以前那么大，喜欢打扮，也更舍得把钱花在自己身上，不只是光顾着老公和孩子。

　　在家庭当中，女性的地位挺高的，非常平等，好多家里都是女人说了算。在母亲那一代，各家的情况都差不多，但我们现在的生活状况差别都挺大的，距离也拉开了。干得好的、有能力的人事业做的很大，已经非常有钱了，打工的就稍微差一点。我也有上了大学的同学，他们就在别的城市安家了，总体来看大家的生活质量以及各方面的差距越来越大。同学聚会时，我们聊现在的情况，还挺尴尬的，只能聊聊过去，聊聊上学时候的事。

　　我们这个年龄段的人多多少少都受过一些苦，在大家庭里长大好像也比较宽容一点，责任心比较强。

访谈员后记：

　　温暖的大家庭，包容的父母，成就了马新花倔强、不服输的性格。人生多波折，生活多艰辛，没有阻挡她追求生活的希望。

我的文艺梦

口述人:第八师石河子市　曹晓光

受父亲影响,她从小朴素节俭,却心怀英雄情结。丈夫病逝后独自一人带大女儿,生活时常拮据。退休后,为了坚持自己的绘画梦,远离女儿,独自在石河子市租房,她说只要还有生活自理能力,就会一个人画到底。

一、我叫晓光

我1955年出生,已经63了。父亲曾是六军十六师解放军部队的军人,兰州解放后随军进疆驻扎哈密,我就生在哈密。

户口本上我的名字叫曹艳,常用名曹晓光,拂晓的晓,光明的光,寓意是拂晓的光明。从小到大,除非要和户口名字保持一致,基本上没人叫我曹艳,都喊我晓光。

二、我的家人

1.路不拾遗的父亲

父亲是影响我一生的人。

父亲在一四三团五营当了几十年的班长,也曾有过到别处当连长的机会,但他不去,父亲常常说哪里艰苦就到哪里去。

小时候我的裤子烂了让父亲给我买一条新的,父亲说,新三年,旧三年,缝缝补补又三年,穿着吧,下学期再买。所以上高中时班里的同学都穿的确良小衬衣了,我还穿着补丁衣服。其实父亲当时的工资也挺高,就是从来不给我们买,天天穿补丁衣服,现在想想我这朴素的生活习惯,就是受了父亲的影响。

小时候,父亲常给我们讲故事、读书、读报,受了父亲的影响,我很喜欢学习。学校每次考背书试卷时,我都是100分,直到现在我还是喜欢学习,只要我感兴趣的东西我就想学。

父亲是位老党员,平时对我们要求很严格。他经常教育我们:不许拿别人东西,不许吃别人家东西。有一次,我在路边捡了一个农具回家,父亲发现后问我在哪里捡的,让我放回原地去。当时天已经黑了,路上漆黑一片,我们都住地窝子,周边只有小土路,全是羊肠小道,两边的茅草有我一般高。我还小很害怕,一直在打退堂鼓,和父亲说第二天再送回去。父亲就给我讲了他小时候的故事:"我四岁的时候去外婆家去玩,回来的路上捡了一个崭新的瓦罐子,回到家里拿给爷爷,告诉爷爷在什么地方捡的,爷爷怕丢东西的人着急,硬是要我送回去。捡东西的地方离我家有六七里地,太阳也快下山了,我就拼命地跑,大概跑了二三里地,直到太阳下山也没跑到捡瓦罐的地方。我太害怕了,便

曹晓光画胡杨

把瓦罐随便放在路边就回家了。爷爷一看时间，很清楚我并没有把东西放回原处。大晚上的爷爷带着我，赶到放瓦罐的地方，拿起瓦罐，又走了好久，一直走到拾瓦罐的地方，把瓦罐放回原位才安心地回家了。"父亲说要记住不能偷别人东西，也不能拿别人东西，如果人不在，你拿了就是偷。那时好多人都吃不饱饭，麦子收割完了后，一家大小都会到地里去拾麦子，我也想去，父亲从来不允许我们去。我有了女儿后，也这样教育她，对我们来说，这就是父亲的想法在传承。

曹晓光获奖

"文化大革命"时我正好上小学六年级，父亲被下放到山里放羊。母亲那段时间很悲观，常常在夜里哭。我不懂发生了什么事，只是牢牢记住父亲说过的话：你要是有金银财宝，说不定哪天小偷就给你偷走了，你要把知识学到脑袋瓜里头，你的知识小偷永远都偷不走。我就下定决心要好好学习，到现在依然觉得学习是最重要的，只要是你学到的东西，任何人都拿不走的，这也是父亲给我的最宝贵的财富。

2. 朴素的母亲

母亲随军来到新疆，和父亲生活了一辈子，是典型的兵团第一代女性。

母亲一直教导我们要朴素、勤俭地过日子。她的针线活做得特别好，我上四年级的时候也学会了做针线活，当时还给母亲打了一双没有脚后跟的袜子。母亲吃穿朴素，思想也朴素，现在想想，这就是兵团第一代女性的典型特征,一辈子本本分分,不像我们思想解放,有梦想,有追求。

父母很恩爱。母亲生了弟弟后身体不好,家里娃娃多,就退了工作加入了家属队,休息时间多了。父亲不知从哪里给母亲买了钙片,在那个经济拮据的年代里,钙片已经很奢侈了。

母亲把自己的全部都奉献给家庭,奉献给子女。她认为自己的职责就是把儿女带好,把老公伺候好,不要叫自己家儿女和别人家闹不团结的事情,保证大家和和气气的。

我不一样,从小个性就非常张扬,有梦想、有追求、有自己的世界。如果有自己想要做的事情,决不会因为其他的一些东西放弃自己的想法。小时候经济大权在父亲手里,他的工资一般是50块钱,母亲的零花钱一般是四五块,她只可以自由支配属于她的零花钱。但我的小家不一样了,我就是希望经济独立、思想独立,崇尚"自己挣钱自己花"的观念,相比较于母亲那代,更注重婚姻关系的平等。

3.老实弟弟、顽皮妹妹

我还有一个妹妹,一个弟弟,小时候我们经常在一块玩。

在我的成长经历中家庭教育最起码占了百分之六十,学校教育只能占百分之四十。在学校,老师说话,学生肯定是百分之百听的,而回到家里,父母虽然没有查过作业,但是他们很关心我们的成长,会问问我们一天在学校的情况怎么样。

父母没有重男轻女的思想,但好像更偏爱我这个大女儿。可能是我学习好,在学校老师喜欢我,同学们喜欢我,在家里父母也喜欢我。母亲每次煮鸡蛋时都悄悄地给我煮两个,给妹妹和弟弟各煮一个。兵团人大多数都没有重男轻女的思想,甚至更偏爱女孩一点。

我不太喜欢参加集体活动,喜欢一个人在家里抄抄写写,妹妹恰恰相反,她喜欢踢沙包、跳皮筋等一系列户外活动。弟弟就常帮着父亲干活。

小时候,父亲给我和妹妹安排好每个礼拜谁挑水、谁扫地、谁洗碗,轮到我的时候,妹妹都要抢着干,好像我在家里基本没干什么活。妹妹帮我干活是为了让我帮她写作业。当时我给她写的作文,她抄都懒得抄,直接交给老师。有次我和妹妹一起玩的时候看到了她的语文老师,老师突然叫住我说:"你妹妹字写得好,作文也写得好,你要向你妹妹学习啊。"妹妹吓得在后面一直拽我的手,我只好回答,嗯。我给她写的作文还经常被当作范文传到别的班去读,有一次还拿到我们班里来读,现在想想真是太好笑了。

弟弟一直老实的在家干活,几十年了还在一四三团包地,妹妹退休了在白杨小区给女儿带小孩,我们几个见面的机会也不太多。

三、生活的记忆

1.地窝子生活

10岁前我们都住地窝子,地窝子顶上有个三角棚子,下雨下雪的时候就不会有太大影响。

当时我们住的地窝子就有点像军垦博物馆里展览的那个,地窝子门口不到10米的地方还有个石碾子,和现在电视剧里演的不太一样。我家的地窝子里面又明亮又干净,小时候我们家还有一个桐油灯,在"文化大革命"破四旧时给收掉了,后来父亲买了个马灯来代替,我们就在马灯底下写作业,我现在对马灯还会有种特别的情怀,特想收购一个旧马灯。后来我们搬到平房里了,还有了电灯,每天晚上给发两个小时电,12点准时灭灯,当时觉得已经很幸福了。

2."打手会怀孕"

我的童年都是在一四三团度过的,那时候的人都很单纯,现在想来充满了年代感。

中学是在一四三团营部上的,条件比小学好了很多,学校教职员工就有五六十个。我们上了高中时还单纯得很,有这样一件事现在想想都觉得好笑。一个高中的女同学课间时把手趴在桌子边休息,一个男同学走过来时"啪"的一声打了一下她的手,她就到我们家哭得不得了。我们几个女生就问她怎么了,她说完了,倒霉了,她被男同学打了一下子,可能怀孕了。

我们当时都认为她说得有道理,其中一个女同学说怀孕了肚子要大,咱们看她肚子会不会变大。我们几个一直坚持天天看看她的肚子,最后要期末考试复习紧张了,才忘掉这件事。毕业十年聚会大家说起这件事的时候,同学们把眼泪都笑出来了。

3.我的英雄情结

我们那时候崇拜毛主席,崇拜英雄主义。

毛主席号召我们要互帮互助,我们就天天想着怎么去帮助别人。四年级时我看了《欧阳海之歌》,里面救人的场景我一直记忆犹新,总幻想自己也可以救人。从学校回家的路上有一个水坑,每天路过那我都要去看一看有没有人掉下去,总想着如果有人掉下去我就跳下去救他。

上高中时我看了《战争与和平》和《卓娅和舒拉的故事》,很崇拜里面的战斗英雄。我常和父亲说:"急死我了,咋还不打仗呀。"他就笑着和我说:"打仗有啥好的,灰头土脸的,和和平平的多好。你怎么光想着要打仗啊?"我说:"我想当英雄,要打仗我就能当英雄了。"后来我学会用QQ的时候,还在QQ上写了一篇关于英雄的日志。现在回想着那时候,我们多么崇拜英雄,幻想着哪一天能当英雄,能见到毛主席,如果真的有那么一天,一定很幸福。

4.做好事被采访

我们那个年代很多事情现在看来都有些荒唐,但在那时候我们是真的会坚定地去做自己认为对的事情。记得小时候我做好事接受过一次采访。

徐叔叔是我高中同学的父亲,每次他推车上坡的时候我都要过去帮忙。因为我每次都帮徐叔叔推车,团部的人就来采访我了。他们一直问我做好事的时候想到什么没有,我实话实说,什么也没想到呀,他们还是继续问我。显然得不到他们想要的回答,他们还会一直问我。最后我的老师把我叫到外面告诉我:"你就说你想的是毛主席语录。"我很不情愿地照老师说的去做了,记者又问我:"你想到毛主席哪条语录了呀?"我回答他们:"我们的同志在困难之中……"听到这个答案,两个记者才走了。

上初一的时候,老师要我们写放假干了啥"坏事",我当时真的一件"坏事"也没干过,但我的同学们都可以写好几条,我们老师就质问我为什么一条都没有,我没办法就写了:有一次我看到园艺队家属院有西红柿,我当时想过去摘,总算交了作业过了关。

我一直觉得一个人就是要行善做好事,不能干坏事,不管是你小时候还是长大都一样。

四、青春年华

1. 学开拖拉机

高中最后一个学期我们没有上文化课,而是去学了一个月的开拖拉机,然后在连队卫生所等了一个多月。学拖拉机的时候,驾驶员给我们说:"你们知不知道怎么启动车?"当时我们把书上的东西背得滚瓜烂熟,但上去操作的时候,根本不知道哪个是离合器,也不知道哪个是油门,就又拿书来对比,发现书上画的东西和实际的东西不一样。那个时候的拖拉机是用摇把子或绳子启动的,不像现在直接用钥匙就可以发动,我们年纪小没劲,两只手拽着都发动不着,工人师傅过来一下就能发动着,当时我们都很佩服工人师傅。如果有一个同学把车发动着了,我们都高兴得不得了,一堆人上去开着拖拉机跑。1976年高中毕业,我没有考上大学就去工作了。

2. 恋爱结婚

工作一年后,我第一次谈了场恋爱。当时他问我想干啥,我说以后想当画家,他就下决心要好好写字,他说:"我好好写字,你画画,这样你的画上我就可以给你题字了。"谈了一年后,他姐姐不同意,我那时候又很骄傲,干脆就分手了。

我的第二个对象就是老公,他比我大8岁,上海人。上过少年宫,会拉手风琴,还去过很多地方。他喜欢给我讲很多他经历过的事情,碰到我不感兴趣的就不讲了。

婚姻中我们关系是平等的,经济独立,思想独立、自己挣钱可以自己花,他很多事情都说得很有道理,我就经常附和他。他非常尊重我,好比说,我们俩用一支钢笔不方便,他提议再买上一支钢笔,我觉得很有道理,就会同意。表面上他听我的,其实是我听他的,但他做什么事都会和我商量。

他会把上海文化默默地传递给我,我习惯了说方言,和他在一起后,慢慢地开始讲普通话了。

回想我的恋爱经历,我喜欢的人都有共同的爱好,有共同的语言,有共同的话题,关键在于他们懂得并且支持我的文艺梦。

3.养家糊口

我的第一份工作在团场拾棉花,后来去当了民兵。我的字写得挺好的,也喜欢画画,最喜欢画梅花,差不多和真的一样。连队就让我去做宣传员,主要工作是写黑板报、送信,工作还蛮轻松的。

但好日子没过多久,丈夫病逝了,我一个人带着女儿,有时工资还发不下来,生活得很艰苦。团里还没有撤文教的时候,我常往一四三团广播站上投稿子。工作任务规定每个月一个通讯员最少要投15篇稿子,我当时写东西还蛮厉害的,只要看着这个人,看着这个东西,马上就能写一篇稿子,好像最多的时候我一个月写了38篇稿子,靠着稿费慢慢把女儿拉扯大了。

五、人生暮年

1.坚守文艺梦

退休后我离开了一四三团,一个人为了自己的梦想在石河子租房住,这种追求给了我一种归属感。

女儿在乌鲁木齐技校毕业后离开了新疆,到兰州工作、结婚、生孩子。她想让我帮她带带孩子,我也试着在那边租房子去照顾她,后来我说:"你婆婆比我年轻,你就让她带嘛。我天天忙得很,还有自己的追求,不想给你带孩子。等孩子长大一点,七八岁的时候我再带吧。"在兰州的两年多,我还去上了老年大学,但那的生活始终不是我想要的。

我还是回到了石河子,在石河子租房住了10多年。其实在一四三团我有自己的房子,但那的文化生活太贫乏,和我一般大的人不是打麻将,就是带孩子,我找不到志同道合的朋友。在石河子不一样,我可以干自己喜欢干的事情:画画、看书、写字。我现在有了自己的画友,经常邀请他们来家里一起画画,一个月最少来家聚一次,以画会友。

我租这个房子第一件事情就是去买个画案,这个画案可以同时容纳三四个人画画、写字。画架子是弟弟给我做的,弟弟一直特别支持我,每次来我这常说,姐,你这个地方没画好,那个地方没画好,还说等他退休了也要学写字、画画。

曹晓光画石头

我爱看金庸、琼瑶的书,他们的作品几乎都有看过。40岁的时候我最喜欢看杂志,尤其是《读者》,也喜欢看战争片,依然有那个英雄梦。

现在我的生活就是一个人每天画画,写字,挺好的。

2.老同学情谊

老同学也是我现在生活中必不可少的一部分。

同学中有的考上大学,有的工作好,也有还在农场种地的,现在大都退休了,还有和我一起上老年大学的。

我们经常在一起聚会。聚会的时候,没有像网上说的那样谁歧视谁,这个看不起那个,毫不夸张地说,五分钟以后,小时候的模样全出来了。

我有一个同学生活挺困难的,先是她

妈妈瘫痪了，接着她老公又瘫痪了，我经常接济她，大家都给她捐过款。我以前挺胖的，现在瘦了，我就把我胖的时候穿的衣服都给她了。

我们这代人从一年级一直到高中一直是在一个学校，所以同学来来去去都是同一帮人。可不像我女儿，小学在这个学校上，中学在那个学校上，高中又去了别的学校上。每次我们同学聚会，女儿都会嫉妒地说："这么老的老太太还能有这么一大帮亲热的同学，我都要嫉妒死了，我的同学都快联系不上了。"她把小学同学名字都给忘掉了，初中的同学各奔东西，只有关系好的同学有QQ，但连个电话都没有，高中的同学见了面也有认不出的。

记得有次一个同学在同学群里发了句"9月27日是个什么日子"，好多人都懵了，最后我说：9月27号好像是我们工作那一天吧。然后，我就收到了他私发的一个红包，他说全班就有两个人答对，两个人都有红包。我一看发了66.66元的大红包。

还有件特别好玩的事，我们同学聚会的时候，想回忆一起曾经打沙包、踢沙包的时光，正好妹妹缝了10个沙包，就给我留了两个，我在聚会时就拿过去了，结果有些同学感觉老得跑不动了，也有害怕心脏病犯了的，只能看看别人玩，我就觉得挺好玩的。我们还会玩老鹰捉小鸡的游戏，录了视频分享在同学群里。

我们那代人真的叫作集体的回忆，我女儿她们那代人都叫作个人的经历和遭遇，真的完全不一样了。

六、志愿服务

说起做好事，最早要从10来岁开始，那时候学校有个学习雷锋做好事的组，每个班级都有几个人，我也是其中的一个。就这样就养成了助人为乐的习惯了。

2013年，我参加了石河子一家亲志愿者团队，2014年又进入到石河子军垦志愿者团队，这几年陆陆续续加入了石河子好几个志愿者团队，有青春飞

曹晓光参加志愿服务活动

扬社会服务中心志愿者团队，有三辰公益志愿者团队，有益心志愿者团队，还有团委双百工程志愿者团队。

无论是哪个志愿者团队有活动，我都积极参加，尤其是团委双百工程的，我是负责一二一团、一二二团20名贫困学生的学习和生活的负责人，每个星期至少要给受助学生打一次电话，询问受助学生有没有学习上和生活上的困难，若是有困难的，我们就尽力帮助。

像一二一团的孙玉龙家里非常困难，我就在我们志愿者核心工作群发起募捐活动，帮助孙玉龙家里解决燃眉之急。一二二团的时依萍也是贫困生，我在10月份就给她捐赠现金200元钱，时依萍在高中城上高中，没有路费回团场，我还几次把她接到我家里来住。

多年来，帮助他人的点点滴滴过了就忘记了。我在13岁的时候，帮助隔壁邻居挑了两挑水，前几年偶尔在路上碰到过一次，邻居阿姨拉着我的手非要请我去她家玩，说一辈子也忘不了她在病中我帮她家挑水的事，我说我早就忘记啦。

这些年来，我就常说一句话，善待他人就是善待自己。帮助别人快乐自己。我愿做一枚小太阳，温暖自己照耀别人。每天向着太阳出发，在公益路上一路前行！

七、兵团记忆

我曾经去过河北井县，去之前就想那是口里，一定会很先进，但事实并不是我想的那样。当时他们那里农耕技术很落后，播种还需要牛犁地，需要人在后面撒种子,这远比我们新疆的机器播种落后多了,但在很多人的印象里,总觉得新疆才是落后的,跑遍全国看看其实并不是这样。每次出去玩或是看到新疆的一些事迹,我就会说:我是兵团人,我骄傲、我自豪。我们这代人就是有非常强烈的兵团认同感,我这个人也特别自信,要干的事情一定会给它干好,绝对不会让别人说我什么事情做得拖泥带水,这种自信也是长期的兵团生活带给我的。虽然我说话语速慢一点,但是我干事情是比较完美的,我就是喜欢追求完美,这也是去报诵读培训班的原因。

我们兵团文化广博、深厚。我们这代人是上海、天津、武汉支边青年教大的,你别看我们身在农场,骨子里会有一种城市人的气质,他们对我们的一生影响都相当大。

我们的孩子可能都不知道什么叫兵团文化、兵团精神就离开了故乡。现在兵团人口也发生了新的变化,有一些从内地来的大学生和农民工,人口和以前又不一样了。

我个人觉得胡杨代表了兵团精神,坚韧不拔,所以我最喜欢画胡杨。

访谈员后记:

狭窄的客厅里挂满了大大小小的画作,其中最多的就是胡杨,简陋的画案占了客厅的二分之一,那是她和朋友最喜欢的地方。生活给了她很多的困难,她就像画里的胡杨一样,任凭风吹雨打,做一个永远的文艺青年。

怕被丢掉的孩子

口述人：第八师石河子市　王女士

　　生于一个普通的职工家庭。家中兄妹三人，生活算比较宽裕的。曾在毛纺厂工作，下岗后在家带孩子，年近退休又重新上岗，在新工作中寻找生活的乐趣。

一、慈父严母

1963年我出生在八师北泉镇,我的父亲是东北人,母亲是甘肃人,都是附近化工厂的职工。

家里有3个孩子,在当时算少的。哥哥比我大8岁,姐姐比我大5岁,我是老小。东北老家的伯父没有孩子,父亲就将哥哥送去了东北的伯父家,给他们当养子,家里只有我和姐姐,比起其他家庭,我们的生活比较宽裕。

我的童年很快乐。小时候的家务都是姐姐干,有时姐姐还要帮我梳洗,背着我去看电影。当然,姐姐那个时候根本不愿意管我,有几次母亲让她帮我梳头,她就私下里狠劲地刮我,背我的时候,她不高兴了就偷偷地拧我。如果母亲知道她干活偷懒或者欺负我就要训她,她可气了。姐姐学习好,成绩比我好很多,每天放学回家之后还要给我辅导功课,长大后她还记录过父亲的故事,为父亲写过传记。

我是家里老小,母亲对我比较偏心,每次买糖都会多给我两颗,少给姐姐一颗。我也挺乖的,会偷偷留糖给父母。

母亲虽然脾气不太好,对我们很严,却很少打我们。只有一次印象特别深刻:记得我和姐姐跑去化工厂边上的水渠游泳,有一大帮孩子在一起玩,男生在一边游着玩,女生在另一边游着玩,我还小就给他们看衣服。母亲听说我们到渠边玩了,跑来就把姐姐从水里捞起来打了一顿,然后再打我,那是把我们打得最狠的一次了。

父亲对我们两姐妹都很好,几乎每个星期都要带我们去饭馆吃饭,改善我们的生活。一到周日,我们三个就从家里走到老街的饭馆,父亲先背着我走一根电线杆,把我放下再转回去背姐姐一根电线杆,吃完饭后再这样把我们背回来。虽然很累,但是父亲一直都坚持这样宠着我们。每一次发粮票、布票和60块钱的工资的时候,父亲就会给我们扯布做新衣服。

哥哥在上高中时从老家回来了,好多年不在一起生活,我们和他比较生疏,我和姐姐就会团结起来欺负他,姐姐常常让他去挑水,做饭故意少做些,不让哥哥吃够。还好哥哥脾气很好,从来不跟我们生气。高中毕业之后哥哥就去当兵了,我和姐姐才觉得挺亏欠他的,正是因为这份亏欠,现在我们和哥哥的关系很好。

二、上海人

我在北泉镇学校上学。我们的老师主要是各地来的知青。有一位叫王科艺的老师我现在还记得。他真的是一位好老师,为了学生30多岁也没有成家,每到节假日都会给学生无偿补课,如果我们想要找他补课就去办公室或者宿舍找他。他对待学生特别温和,讲课也很有耐心,每次他补完课,我们的成绩都会有所提升。

当时好多老师都挺温和的,上海老师好像有点凶。那时候我很羡慕上海老师,我觉得他们的一言一行中都有一种大城市的风骨。当时我就想:我要是不能成为上海人,以后也要嫁给一个上海人。后来我们班来了一位上海老师,他的儿子正好也在我们班,他经常偷偷抄他父亲第二天要听写的单词给我们看,所以每次我们的听写都能过。上学时,男女生坐同桌都要画

"三八线",我就想要是能和他坐同桌就好了。后来他偷看单词的事情被他爸发现了,他被打了一顿。反正我始终没能和他坐在一起过,但我的闺蜜却一直和他是同桌。

学校还有一位舞蹈老师也是上海人,我喜欢跳舞,所以和她的关系很好。我们同学之间有一种共识:你只要和一位上海老师关系好,你就在班里高高在上了。

当时我没有意识到学习的重要性,虽然羡慕那些刻苦学习的同学,但也只是羡慕,自己静不下心来学习,每天都在胡思乱想,只等姐姐每次考试之前给我补习。好像很多同学也没有好好学习的意识,每年秋天学校都会安排学生去摘棉花、拾草,学习氛围也不浓厚。而且晚上天黑后少有电灯,孩子们都在院子里玩捉迷藏、砸沙包,更没有人学习了。能够考上高中的都寥寥无几,姐姐考上了高中,就属于文化水平高的知识分子,一毕业就当了老师。

三、相夫教子

初中毕业之后我就不再上学了,在家里给工厂缝手套,缝一双手套能挣四毛六分钱。缝手套的工序很多,又是第一次干活,所以效率不高,挣不了多少钱,我就去劳动服务公司里工作了一年多。

毕业后我才开始学做家务,当时最爱洗衣服,邻居们都对母亲说,虽然我从小娇生惯养的,但是特别讲卫生,隔三岔五的家门前的铁丝上就挂满了衣服。

姐姐高中毕业后分到下面的连队去当老师,认识了当时在插队的姐夫,他是城市支边青年,比较能干,慢慢升任了书记,调回了城里,到柴油机厂当主任,姐姐跟着姐夫回了城,在柴油机厂学校当老师。后来姐姐不想教学了,回来当了工人,最后在公安局工作。

父亲去世得早,姐姐、姐夫进城之后把我和母亲的户口都迁到了城市里,我当时只有18岁,就去毛纺厂针织车间上班。干了3年,我的眼睛对羊毛过敏,总长麦粒肿,有东西进去后我又忍不住去揉眼睛,眼睛天天都红的。

后来调到了14小区的鞋厂。

经人介绍，我认识了现在的丈夫。结婚后，考虑到工厂里都不喜欢女人结婚之后生孩子请产假，所以就辞职不干了。

我的公公是连长，家里有5个孩子，所以生活也不宽裕。当时我并没有认为他父亲是连长就有什么了不起，也没有看重这一点，主要看上了他为人很老实，对我好。我们认识的时候，母亲教我缝被子，那时的被子需要缝被里子和被面子，我还没有学会，他就先学会了。我想家里有一个人会缝就行了我也没有再学，所以结婚后我们家一直是他缝被子，我洗被子、套被子。刚结婚时家务活大多也都是由他干，后来我们买了辆大车，他要去跑长途，我才开始学着做家务、做饭。

丈夫本来也在工厂里上班，我们有了孩子之后就辞职干个体了。当时我们借钱买了16米的大车，他在外面跑长途。我在家里带孩子。

那个年代交通不发达，所以跑长途的工作很累、很辛苦，不过工资很高，我们也没有为生计发过愁，我只要在家里把饭做好，孩子带好就行了。他当时跑长途一去就是二十来天，在疆内去一趟可以挣五六千，去疆外一趟就可以挣一万左右。他把挣来的钱都交给我管，从那之后我就开始记账。

跑车的前三年要还本钱，日子过得比较紧，每个月都要算账攒钱还钱，等到借债还完了，我们马上就觉得自己有钱了，毕竟"比上不足比下有余"，钱不用太多，够用就行了。别人吃什么、穿什么我都可以吃得起、穿得起，所以一直没有出去工作。姐姐说我这一辈子都在享福。

但是现在交通发达了，车也多了，司机工资也没有变化，大车行业渐渐没有那么景气了，丈夫的很多同行都改行了，他现在腰椎也不好，年纪也大了，就把车卖了，在家休息。

我们只有一个儿子，现在乌鲁木齐创业，和同学一起开了一家装潢公司。我们两口子都没有好好学习，就一直鼓励孩子刻苦学习，最常对他说的话就是："你好好学习了就能考上高中，考上高中就离大学不远了。"现在没有一个好的大学的文凭很难找到好工作。

儿子在北泉镇读小学，在石河子市上的初高中，我们那个时候想让他去一中读书,因为那是最好的学校,他说只要好好学习,一中和五中都一样。他怕我们花钱,当时学校的宿舍有六人间和四人间,他就选择住六人间。高中三年他都住校,很少回家,说回家会影响他学习,其实我们知道他就是想为我们省钱。

儿子学习成绩一直不错,我好像也只打过他一次,那一次他写作业,一边写一边玩。我一急就打了他,他小时候和我一样爱哭,第一次打他的时候他就在家里放声大哭,隔壁邻居来劝我不要打孩子,我心也软,看孩子哭成那样,自己也哭了,就给邻居说你快帮我把孩子哄好吧。

儿子老实、内向,骨子里和我一样有主意。高考成绩下来之后我问他考得怎么样,他让我不用担心,他自己心里有数。他选择了新疆财经大学,当时我们想让他填报疆外的学校,他却说自己胆小,不适合到外地去,连新疆都不能离开。

他学的是经济新闻专业,我感觉他的性格不适合当记者,曾建议他学财会,儿子没有理我,从新闻专业毕业后和同学去创业,开了一家装潢公司。

我们很尊重他的选择,一方面装潢业在乌鲁木齐很有市场,另一方面这是他自己的爱好。现在儿子很少回石河子了,我有时候打电话问他近况如何,问他有没有对象,他都一副不耐烦的样子,让我说重点。

四、好强的母亲

母亲的一辈子是十分可怜的。她们这一代人辛苦付出了一辈子,没有享什么福就离开了。

从小到大一直都是她当家。父亲性格不急不缓,母亲一直雷厉风行,她经常训斥父亲,每当这个时候父亲都是一声不吭。在我们的印象里母亲一直都是一个"厉害角色"。

母亲生活里十分强势,父亲在我四年级的时候因食道癌病逝了,当天晚上母亲从医院回来告诉了我们这个消息,她哭了一晚上,但是第二天就又强打起了精神。

家里的一切都要她一个人撑着。她不喜欢求人,什么事都自己做。当时的团场每家每户需要打火墙过冬,母亲都是自己动手,我劝她让邻居来帮帮她,她就反驳我说,别人能干的事情我也能干。当时男人干的活,打火墙、掏灰、上房泥、通烟囱,她都是自己干。

哥哥成家以后,母亲和嫂子之间的关系一直不好。父亲离开之后,母亲可能将对父亲发泄的一部分脾气转移到了哥哥身上。经常打骂哥哥,甚至有一次用板凳把哥哥的胳膊打错位了。嫂子也因为这件事情和母亲赌气,一个多星期没有来婆家,最后还是哥哥先回来看看,气氛才稍微缓和下来。

母亲爱喝酒,还爱一个人喝闷酒。每一次在单位上遇到了什么事情她都不说,好像也没有人可以说,回到家后就自己独自喝闷酒,有时还抽烟,喝醉之后就躺下睡觉。偶尔也会发酒疯,和嫂子吵架。

哥哥刚结婚的时候还和我们住在一起。但母亲和嫂子一直吵架,我就劝嫂子不要和她这个老人家计较,母亲心里有苦衷。我和嫂子关系好到直接称呼她"姐",她和我母亲吵架,我和我哥都很为难。后来哥哥让她们一个住在前院,一个住在后院,虽然也吵架,但是很快又和好了。

母亲在我结婚那一年因为胃癌去世了,她没有看到我结婚,但结婚的日期是她定下的。现在回想起来,姐姐总是说,母亲是自己将自己折磨死的,她总爱生闷气,50多岁就把自己气死了。我有时候觉得母亲可能本来就有隐疾,所以容易生闷气,父亲走得早,她生闷气没有人说,又喜欢抽烟、喝酒,病情才会进一步恶化,恶性循环才会这么早离世。

虽然姐姐对母亲的生活态度很不欣赏,但她也是一个像母亲一样好强的人。姐夫不做家务,女儿、女婿在家里也从来不干活,姐姐又要带孩子,又要干家务。他们全家都是由她支撑着。姐姐现在60多岁,她的外孙子、女儿、女婿全家都在她那吃饭。姐姐有头疼的毛病,每次她犯头疼的时候只是吃几片止疼药,在床上躺半个小时,醒了之后继续干家务。姐夫现在退休了,除了玩电脑就是玩手机,家里的事情从不上心,她的女儿女婿虽然知道给老人买东西,但是不会干活。去年,姐姐让他们单独买了一套房子搬出去住,她害怕自己去世了之后女儿没有生存能力,不能一个人照顾好家庭和孩子。

我的性格比起母亲和姐姐来说和缓许多,但是我也很倔强,简单来说就是认死理。小的时候父亲出去拜年,把我和姐姐留在家里,姐姐调皮就把我锁在房间里,自己出去了。我当时想出去却没办法出去,就自己一个人在房间里站着哭,一直哭到没力气昏了过去,姐姐在外面发现我晕倒了,赶快打开锁进来掐我的人中,我才醒过来。有的时候我和丈夫吵架了,可以忍着一个月不和他说话,每次过不了多久他就会先来和我说话。

五、新工作新生活

好多年我都在待在家里,和社会有些脱轨,所以对很多事情没有特别大的感悟。现在来到学校里做宿管工作之后,看着大学生们开展各种活动,心里开始对生活有了更多的感悟。

天天和大学生在一起相处,感觉自己的内心也充实了很多。在这里不管是男生还是女生,我都把他们当成自己的孩子,他们每天在这里学习、训练,有时候留得太晚了,我巡楼的时候就去提醒他们十一点半要锁门了,可是还是有的学生会留到十二点,出来后看到门锁了就对我说:"阿姨,对不起,下次我们早一点出来。"我脾气很好,提醒他们之后就会把大门打开让他们离开。

在这里工作也让我的生活更规律了。以前作为家庭主妇我都是睡觉睡到自然醒的,觉得工作的几个小时将会限制我,让我觉得不习惯,但是来了之后就不一样了。我是2018年1月1日来工作的,当时介绍人让我早上十点来接班,我前一天晚上就没有睡好,不时起来看时间。我是一个很遵守诺言的人,别人交给我的事情就一定要办好,所以那天早上七点就起床,九点十分就到了这里。现在我都养成了早上七点起床的习惯。每天起床之后烧稀饭、打扫卫生、与人交班。到了晚上九点多别人替班时,自己去操场上散会儿步。这种生活规律、充实,也很有氛围,我个人觉得比做家庭主妇好。

我还记得第一次领工资的事,发工资的当天我就请姐姐、姐夫一家去"亚克西"吃了顿饭。姐夫起初还有些拒绝,认为我一辈子没有工作过,不好意思花我的钱,我再三要求后他们一家才答应。当时姐姐对我开玩笑说,自己挣到钱了,连说话都有底气了。

我在决定做一件事情的时候十分艰难,但是一旦决定坚持下去,就会乐此不疲。

我基本上没有离开过新疆兵团。小学时姐姐跟着父亲坐火车回东北老家。父亲本来打算带我一起去,我当时听说火车站容易丢小孩,害怕父亲把我丢在火车站不要我了,坚持不去。后来母亲回甘肃老家,我也没有跟去,不知为什么,我一直害怕会被大人丢掉。

第一次真正离开新疆是婚后和丈夫一起帮他的朋友接车,去了趟西安。那时候才发现火车站没有我想象中的那么恐怖,新疆以外的地方也很美,所以我喜欢上了旅游。第一次报团去了福建,后来又陆续去了杭州、苏州、四川、台湾等地。丈夫也很支持我出去玩。

我最喜欢的永远是石河子,这里是生我养我的地方,是我的"窝",就像小时候害怕父母把我丢掉一样,我也害怕石河子把我丢掉了。一直身在兵团,习惯了兵团人的身份却常常忘记自己是兵团第二代女性。我想我是不会离开这里的,兵团是我永远的家。

访谈员后记:

她是一个平凡、普通的人,从小不敢离家远,害怕被人丢掉,在不同的年龄寻找着自己想要的生活。

我想去城里生活

口述人：第七师 郭怀平

想去城里生活，不顾家人反对勇敢辞了职去干个体。父母年迈多病，她全职在家伺候老人近10年，一直陪他们走完人生的最后一程。

一、辞掉工作

1. 戈壁滩上的生活

我出生在兵团水库,在水利二处长大,就是现在的电力大楼周边。小时候曾在五公里住过,那里条件比较艰苦,一共只有几户人家,吃菜要自家开地种。

6岁多时,水利一处、二处分开了,父母分到了二处配水点,分到了戈壁滩上,在那里我们就只能吃渠道水,现在听起来好像特别浪漫,渠道水就是冰凉的天山雪水,夏天渠道发洪水,里面的泥特别多,父亲就在缸里放些白矾,让泥巴澄在缸底下,我们舀表面的水吃,还有一股土腥味。冬天吃大渠道里的冰,在渠里把冰敲成一块儿一块儿地搬回来化成水,多余的冰就竖在院子里,吃的时候拿一块放进锅里。

那时候没有电,用的还是马灯,每天晚上用之前我都要把马灯的罩子取下来,擦一下,把油加好,不然灯罩熏黑了就照不清了。

我们家里的面粉也不够吃，因为住的地方在四棵树配水点，粮食关系却在乌苏，距离我们这里比较远，去打面粉特别麻烦，有的时候要骑自行车去乌苏驮，那时全是破土路，来回要骑几十公里，面粉多时就要等着有大车了才去拉。

周围几家人都是这样的状况，生活的各方面都是一种考验，但是对于像我这样的孩子来说，快乐依然无处不在，哪怕是在这样一个艰苦的时期。

2. 读书的梦想

我家有三个孩子，两个哥哥出去得早，读初中时就去了奎屯上学，家里只留下我一个女孩子。水利二处孩子少，只有小学，读中学就要到柳沟水库或奎屯去读。那里孩子少，年纪差距大，都不在一个班，也没有人和我一起去上学，开始妈妈还送我去学校，大了点就自己去了。

郭怀平16岁在奎屯

每天去学校要走四五公里，天一亮就得出发。学校学生少，教室就是一间土块房子，破旧不堪，小学的几个年级都在一个教室里一起上课。上下课时就敲一块铁当铃声，桌子是木板钉的，凳子是自己从家里带去的。

冬天，每个学生带点柴火，带点煤去烧炉子。老师上课都非常认真，学的知识印象还挺深刻，教师也不打人，很负责任。我的语文学得好，尤其是作文写得好，写作文时就梦想将来能上大学当名记者，走出这里。

小时候，每次看到父母出趟远门要搭拉煤的大车，就幻想着自己什么时候也能坐上大车走出这个地方啊，四五年级时开始向往城市的生活，读书。就像是诗和远方，我想要的就是走出这个戈壁荒滩，到城里生活。

3.倔强的辞职

父母每天都在辛勤地工作,工资非常少,只能用来维持家用,我们的生活过得很节约。小时候穿的衣服、裤子、鞋子全是妈妈学着做的,基本都是把大的衣服改成小的,小学时我几乎没穿过全新的衣服,从来没有吃过糖,顿顿能吃饱饭就不错了。天天吃苞谷面,很少能吃到肉和鸡蛋,即使自己家里喂的鸡下了蛋也舍不得吃,都卖了换钱了买盐什么的。

我们的家教特别严。父母总是言传身教,教育我们要有人格、人品,教导我们如何做人做事,要帮助别人,要能吃苦,从小就要积德行善。我们就跟着父母学做一个老实人,他们特别爱帮别人,自己的东西舍不得用但会拿去帮别人,几个孩子看到眼里,都是有样学样,我们现在基本也是这样。我很小的时候就会做饭,在自留地里干活。童年的生活条件虽然挺艰苦,但整体来说童年还是挺快乐的,天天无忧无虑的。

父亲曾经参加过抗美援朝战争,国家政策允许一个子女接班,高中毕业时我没有考上大学,就接父亲的班去柳沟水库报到了,当时上班就像大篷车一样,天天在荒地上修渠道,在河坝里捡石头,顶着太阳抱大石头,出苦力,帐篷扎到哪里,我们就住在哪里,这样干了三年,每个月工资也就几十块钱。修大渠时也出过事故,有一次大卡车拉了一车人去河坝,上坡的时候车翻到渠道里了,还死了人。

修渠抱石头实在太苦了,我想调到奎屯,但调不过去,哥哥想把我调到棉织厂也没成,我感觉这样下去没有什么前途,就想辞职离开水库,当时父母坚决不同意,让我坚持。我这个人脾气也倔,有自己的想法,就是不想干了,想放弃,于是自己一个人独自跑到奎屯来干个体。那个年代这算是比较有胆量的了,好不容易有个工作,很少有人敢辞职,都是一直干到了最后退休。

二、十有八九难如意

1.找对象

哥哥是最早在奎屯干个体的一批人,那时我家老公在我哥的店里学习修理汽车,给哥哥当学徒,他是农村来的孩子,特别懂事,学技术特别踏实。我那个时候想,如果找对象,可以找三种人,一是有技术的人,二是有知识的人,三是有文凭的人,这些人可以挣到钱饿不着。老公是第一种人,我相信有技术的人努力工作一定会有好生活的,慢慢认识后,感觉他人还不错我们就结婚了。

2.后悔与遗憾

刚下岗时我自己开饭馆,卖凉皮子。后来学了个驾照去开出租车,都太累了,我就想找个轻松又能挣上钱的事做,看理发挺轻松的,不用东跑西跑,风吹日晒,最后就去学理发开了个理发店,我学这个也比较有门,这一干就干了十几年。

对于辞职这件事我从不后悔,现在过的总是比那个时候好,自己开馆子、开出租、开理发店的过程也苦,挣不到钱时也会焦虑,父母都是普通工人,也帮不到啥忙,在城市生活确实辛苦一些,但有自己追求的目标还是挺好的。

这辈子最后悔、最遗憾的事是没上过大学,知识改变命运是千真万确

郭怀平2017年生日

2018年的郭怀平

的,不然就要出苦力。现在我已经快50岁了,一晃这么多年就过去了,青春不会再回来,这是我一辈子的遗憾。

3. 赡养老人

父亲老年痴呆后,我什么都不做,就在家专门伺候父亲近9年,送走父亲后,母亲又病了,我又开始照顾母亲。就这样一直照顾两位老人近10年,给他们都送了终。

4. 言传身教

父母从没有打过我,我倒是打过女儿,她上初中时特别叛逆,我天天在家里等着她回家,打了她几次,后来她长大了些慢慢懂事了就好多了,也能理解我了。我教育孩子要有知识、要努力学习、努力工作,做好自己的本职工作,再去帮助其他人。女儿特别优秀,考上大学本科,我这些年照顾父母的事,她都会看到眼里,对我们也特别好。我觉得孩子懂事不懂事不需要刻意去教,父母做了什么,她自然会学到。

三、我的兵团

兵团特别能造就一个人的毅力,干一件事就得踏实去做,并且要做好,吃完苦以后,才能知道自己的奋斗目标。

我一直认为自己就是一个兵团人。老房子、煤油灯、柳条编的床、地窝子、土房子、自己编的草帽,这些物品都是兵团文化的组成部分,都深深印在记忆中。

我们比母亲那一代女性好多了,她们吃了太多的苦,我们这一代最起码能吃饱,自家有自留地,可以种菜,过年过节还有饺子吃。那个时候每个人都瘦瘦的,没听说过哪个人有三高,只吃蔬菜、苞谷面。

我们这一代女性更敢闯,身边让我佩服的兵团二代女性有很多,比如我的同事,她们都特别能干,我们一起在河坝搬石头,她们就干了好多年,后来换了岗,一直干到退休,特别佩服她们那种精神,兵团的环境就是能造就很多优秀的人。

访谈员后记:

> 她讲述得非常平淡、简单,修渠、卖凉皮、开出租、学理发,不断寻找生活的出口,十年伺候老人也只用几句话一带而过,这一切经受了多少磨难也只有她自己知道了。

生活就是忙忙碌碌

口述人：第八师石河子市　叶女士

家中兄妹七人，排行老四，初中毕业后在大集体干过活，针织厂绣过花、鞋厂做过鞋，后来到章氏物业做保洁员直至退休。一辈子干过不少体力活，吃过不少苦。

一、贫穷的家庭

1. 家庭,成长

每一种温暖都建立在朴素和繁忙中,家,往往承担了这一切。

我的父母是从老家逃荒来的,刚来这里时连住的地方都没有,就学这里的人在地里挖一个坑,搭了一个简易的地窝子,住起来冬暖夏凉。

爸爸在煤矿上工作,妈妈一开始有工作,后来孩子越生越多,领导就鼓励妇女回家带孩子,妈妈响应号召不干工作回家带孩子了。她身体不好,年轻时就落下了哮喘,好多人喊她老病号。我们几个孩子长大一些后,就大的带小的帮着妈妈看孩子,她可以腾出时间出去打点散工挣点钱,后来上班的单位没了,就组织下岗的妇女去家属队干活。

我们家有7个孩子,我排第四,下面还有1个妹妹2个弟弟。孩子多了都要吃饭,妈妈在家带孩子没有去工作时,家里就少了份收入,父亲拿着38块9毛2分钱的工资,生活负担是比较重的,后来妈妈就去家属队种菜,有时候也去给大车装煤,只能挣几分钱。

虽然家里穷,爸爸妈妈从没有因为钱的事情吵过架,也没有因为收入不平等而出现任何问题,都是为了一堆孩子的事争吵不休。哥哥、姐姐懂事了就在家帮父母干活,为父母省下很多心,我也早早学会了做饭、喂猪、喂鸡,好像真是穷人家的孩子早当家,都懂事早,干活早,爸妈省心,也放心。

在这样的大家庭里,最令人感动的是兄妹之间的亲情,几个兄妹都差不了几岁,但可以相互体谅、不争不抢。

家里穷,大姐早早从学校里面出来去上山下乡,干活挣钱,为家分担一点,贴补家里,这样爸妈就可以少受一点累,早些出来干活,就为了把住在地窝子的穷家日子过得更好些。

多年后回想起来,当时的自己在家里也从不争抢,一心只为家人的生活考虑,那时的生活真的很简单也很温暖,让人回味。

2.我的哥哥

爸妈是河南人,都重男轻女,很明显爸妈就是对哥哥和弟弟要好一些。哥哥下课以后可以不做任何家务活,吃了饭就可以到处跑去玩了。我们下课回家后,要喂猪、做饭、挑水。那时候,大家都是挑水吃,有咸水和甜水区分,咸水挑回来就洗衣服,甜水挑回来就做饭吃。家务活,哥哥可以不用干,弟弟他们还小干不了,就只有我和妹妹干,我一放学回来就先蒸馍馍,一大家子每天要吃一大锅馍馍。蒸完馍馍就要做晚饭,然后要赶快剁猪食,把猪食煮上,再喂鸡,喂兔子,等到喂完鸡和兔子,猪食也煮好了,又去喂猪了。

哥哥不爱学习,姐姐学习好读到了高中。弟弟学习也可以,他们上学的时候,家里条件已经好多了。大弟弟是70后,后面的日子基本上都好很多了,不像之前那么穷了。

哥哥特别喜欢摆弄车,初中毕业后就不去上学了,爸爸怎么打他也死活不去,他说他不想上了。爸爸问他那你想干嘛,他就说喜欢开车,最后家里就让他去学车,初中毕业就去学了驾照。学了驾照回来一开始跟着别人开车,那时候开的都是拉煤的大车,要跟老司机搞好关系,才可以到车上学,跟着司机来回跑练练手,后来慢慢地他就开始自己开车。等他岁数够的时候就顶了爸爸的班,到单位去上班了。

二、童年趣事

1.过新年,穿新衣

最简单的事情是最幸福的。

过年,最开心的是排着队穿新衣服。一到过年小孩子们都有穿新衣服的习俗,妈妈扯些花布给我们做新衣服,她手工不好,就找和我们关系好的一个阿姨,给她些钱帮我们做。那时候的衣服样式特别简单,手工也粗,但是我们小孩子穿得都特别开心。

大年三十是个大日子,大家要集体去洗澡,单位有大澡堂,大家都排好队,在那里等着洗,回家时一个个都洗得干干净净的了。妈妈说年夜饭必须吃完,不允许有剩饭,吃完了再一个个把手洗干净,脸也要洗干净,坐成一排等妈妈发新衣服,我们按大小个排得整整齐齐,然后从大到小发,看到谁穿上新衣服的时候,其他孩子就会羡慕地说,哎呀妈,我也要穿。

小时候穿上新衣服的那种高兴是现在没有的,特别搞笑的是别人家的孩子还会问我家发新衣服的时候大家抢不抢,我说不抢,越抢越乱,还不如排队等着,发了新衣服就赶快换上。现在想起来,那时的一家孩子排成队,全都是统一的小立领,一大家子人一副其乐融融的样子,真的是很简单,很幸福。

2.贪玩,挨打

淘气是孩子的天性。

每个星期六,我们都会约着要好的几个同学跑到山上去割猪草,其实就是去玩,那时候最大的娱乐就是去山上玩。为了吃好点,每家每户都养了猪或鸡,天刚刚亮,我们三四个好朋友带上水和馍馍,背上背篓,再拿上袋子,到山上去割草,最开心的就是满山的跑啊玩啊,疯跑到下午才发现背篓里还是空的,大家赶快想办法,先把背篓里面少装一点草,再往袋子装一点,把袋子压到背篓上背回来。回来后那点草喂鸡和猪都不够。等着第二天上学,问一起去山上的小伙伴:"昨天你挨打没有?"大家都互相看着笑:"挨了啊,咋可能不挨打啊!"家里穷,割回来的草不够鸡和猪吃,不挨打是不可能呢。好像我们犯了错要被父母打,谁都跑不掉,根本不管我们的心中一千、一万个不愿意。这些猪和鸡都是等到过年过节杀来解馋的,除了猪和鸡,有的家还养兔子、鸭、鹅、羊,只要能养来吃的东西家里都会养。

因为淘气、贪玩,家里挨打的最多就是我了。每次一出去都玩得忘了回家。那时候小,一到山上就玩忘了时间,爬到山上去找鸟窝、掏鸟蛋、吃黑豆豆、野果子,感觉太阳一会就落下山了,心想完了忘了割草,又装模作样的搞了一点草回去,路上就想到今天回家又是要挨打了。每次打完了都不长记性,下次玩的时候又忘了干活,继续挨打。

挨打的小秘密和同学对眼一笑,大家就都清楚了。淘气的小心思天天围绕着山上跑。童年,最童真的记忆莫过于此。

3.远亲不如近邻

邻里朴素的情感,属于那个艰苦的岁月。

那时候要是谁家有个啥事情,一堆娃娃一会儿都跑到你家去帮忙。那时候的人好朴素,不像现在的人少了一点人情味。

我们单位地方小,大家都住一排排平房,俗称大拐弯,就是土话里形容地方小一拐弯就到了。家家户户都互相认识,如果来了一个陌生的面孔,谁家里来了一个老乡或者亲戚,一会儿全单位的人都会知道了。

要是谁家里的大人有事,没人看孩子,没人做饭,就和隔壁邻居说一声今天家里有事,有事就去办事,一堆孩子就跑到邻居家里吃就行了。那时候的人比较淳朴,心底真干净,现在的人什么都担心,说不上来这种感觉。有时候我和几个老同学一起聊的时候,就讲到现在的人咋这样,住在楼上楼下也不认识,也不说话串门,好像谁和谁都可陌生了。

时隔多年,这样朴素的感情还在我心里,属于我们那个年代的情感。

三、工作、小家

1. 从毕业到工作

我上学时留了级,初中毕业时已经18岁了,虽然现在听起来很怪,这么大年纪了才初中毕业,但当时我们好多同学都那样。

1986年,我成了待业青年,没地方干活,单位上就组织我们这帮待业青年做事,大家都到一个地方去干活,大集体干活。

我的第一份工作是在大集体搬砖,往车上装砖,毕竟年轻,好像没觉得多辛苦。大概有一年以后,到针织厂绣了半年花,后来听说石河子招工,需要考试,我们几个玩得好的朋友,互相约着去考试,就去了石河子制鞋厂上班,1999年,石河子制鞋厂倒闭了,我下岗回家带孩子。2006年孩子不用管了,又进了章氏物业当保洁员,一直到2018年退休。

2. 恋爱、结婚

少女总是把最好的时光给了爱的人。

工作后,我们隔壁邻居有一个女孩找了一个糖厂的司机结婚,她妈妈在我们那一块就有一种特别拽的感觉,我心里想着有啥拽的。拽就是现在说的炫耀,她妈平时到我家,就对着我家里人说,"你看,我们家红红找了一个糖厂的司机……"那时候,我的脑子里就有一个概念,就是要找一个糖厂的,或者造纸厂的,或者纺织厂的,因为那些工人工资要高一些,生活有保障。

我在1995年28岁时才结的婚。我不喜欢相亲,不愿意别人给我介绍对象,也不是挑剔,就觉得要自己找一个能看顺眼的人,才能跟他过一辈子。

我的爱人是在朋友家认识的,有天我们都去了朋友家吃饭聊天,他觉得我还不错,慢慢地就开始跟我谈恋爱了。

我们是自由恋爱,谈了段时间大家都觉得挺合适的就结婚了。我当时觉得他是造纸厂的,家里人少,就四个孩子,家里条件在当时是比较好的。他特别孝顺父母,他这个人在对待父母和亲人上真是没有人能比,这一点就是我喜欢他的最主要的一个原因。当然我也有一点私心,就是想找一个可以帮自己家里的人,我家里的孩子多比较穷,找一个条件好一点的能帮助自己家的人过好点。

3. 我的小家

家,是一种归宿。

结婚的时候爱人30多了,老小伙子,又是家里的老小,有些大男子主义。

他上面有姐姐、哥哥,家里肯定不会让他干什么活。婆婆有时候不愿意,就跟我说,我爱人跟她过日子的时候连一根筷子都不摸一下,跟我过日子了以后还要给我做饭。我就笑着说,你儿子给我做饭,还是给你孙子做饭呢?我上班那么忙,他一天那么轻松,他不做饭谁做饭?

他在场子里当修理工,上长白班,厂里搞维修如果机器不坏,他就在厂里没啥事,转圈看看。我上三班倒,比他累一些,下班回家都七八点了,根本没时间做饭。说实话,我嫁给他这么多年,做饭的次数都可以数过来,真的挺少。

到现在我还是不怎么会做饭,还是他做。刚结婚的10年,我们都是跟着婆婆吃饭,我上完班直接到婆婆家去吃饭,吃完饭回家。后来婆婆脑梗了,主要是爱人做饭。

我和婆婆之间很少发生冲突,我不和婆婆吵架,我觉得媳妇要把婆婆当作老人去看待,而不是总觉得婆婆应该做什么,矛盾就容易解决了。更没有必要什么事都要占上风,你就把她当个老人,想着自己也会老,就那么简单,就容易解决婆媳之间的冲突。

婆婆她们那代人比较勤俭,我们结婚的时候,婆婆看我择菜时把有一点坏的全扔了,就说:"这么好的菜你都扔掉了吗?不可惜吗?"她会给我捡起来再择择。爱人回来我就给他说,劝你妈以后别管那么多呗,都扔掉的菜,她又给捡回来。

我们这一代人好像都有那么一种精神,就是不靠别人,自己艰苦奋斗。我有个同学说得特别好:我们自己就跟铁做的一样,什么都得自己去完成,啥事都得学着去做,不需要依靠其他人。我们能依靠谁呢?依靠父母?他们吃的苦已经够多了,年龄太老了。依靠兄弟姊妹?家家都要过日子,谁帮得了谁。依靠孩子?孩子那么小,长大了有可能还要啃老。最终,我们这代人要赡养老人,抚养孩子,希望所有人健健康康,平平安安的,只能靠自己把生活过好。

有人说女人结婚了就要靠老公,我觉得这个真的太不现实了,女人还是要有一份自己的工作,有自己的收入,自己想怎样支配自己的钱都比较自由,伸手问老公要钱花,那种感觉不好。

教育儿子挺不容易的,一提到孩子老公常训我说:"你不是能嘛,你不是说要管娃娃嘛,你就管成这样?"我没办法只好说:"那是,不好的都是我的,好的都是你的。"他说是我把儿子惯坏的。其实想想也是,我小的时候吃了不少苦,父母比较抠门,我就想着不能让我的孩子再受苦和委屈,别人家孩子有的,他也应该有。

在教育孩子的观念上面,我们两个还是有挺大分歧的。我现在觉得爱人教育娃娃真的不错,他告诉儿子:"你一定要记得做人要吃得苦中苦,方为人上人。"我说:"那你的意思就让他做皇上吧。"爱人说:"现在做什么皇上?你只有这样子,你才能出人头地。"让孩子能吃苦,出人头地,肯定是每个父母的期望。

我一直认为孩子只要开心就好了,念完大学愿意怎么样就怎么样,父母不能左右他。爱人就想让孩子按照他的思路走,要上一个好大学,然后要去大城市闯荡。我说你父母是不是也让你考大学,你没考上,也没有按着你父母的那条路线去走,你不要强求儿子,他就说我:"你教育孩子这方面不行。"

这就是我和我爱人之间的相处模式,好像也挺好玩的,感觉我俩天天都是互怼,现在我们俩年龄大了,差不多还是这样,也是老斗嘴,但从不真生气。

儿子现在在石河子温州建材城上班,问他这里上班怎么样,他也不怎么说,觉得他还挺好的。儿子常说:"妈,你不懂。"我还真的不懂儿子。每天看着他早出晚归忙活的,挺心疼的。

四、时间飞逝,岁月有痕

过去的岁月从没离开过。

我和同学的关系现在都挺好的,每年初五,我们同学都会聚一下,大家都会说到就到,关系都处得挺好的。如果哪个同学有点事情需要帮忙,大家都很积极的。谁家里有人住院了,我们几个就约着一块儿去看看。

这些年同学聚会挺多的,近两年婆婆身体不是很好,需要有人看着,我就不怎么去参加聚会了。我们聚会都不带家属,就想说说过去的事,上学时谁搂一下了、抱一下了都记得清清楚楚。我们会聊一些特别开心的事情,记得小时候的房子就是一墙之隔,晚上同学之间还敲墙打暗号问作业。不像现在的年轻人,饭桌上都是抱着手机玩。现在大家都觉得这个年龄了,再也没有必要去为了一个事争个你对我错了,爱是啥就是啥,就那样吧,也不争了。

我初中毕业,现在就处于半文盲状态,不过我现在还喜欢看书。尤其喜欢年轻人的言情小说,在我的心里一直有一个少女梦,还没有完全醒来,总想在小说中找到自己想要的那种人生。

班里同学的离婚率还真的挺高的,主要和经济条件有关系,我们这代人遇到了下岗,生活来源没有了,慢慢因为钱的事家里就会发生矛盾。

下岗以后,好多同学都觉得自己能干这个或干那个,结果呢,落差很大。我们这代人其实也挺悲哀的,上学的时候家里条件差,考大学难。全班只有两个上大学的,剩下的都初中毕了业,就出来工作了。现在这个社会没有知识,根本不行了,只能干苦力。

访谈员后记:

生活是什么?不过简简单单,朴素认真。这就是她的生活,没有一丝做作。

走南闯北的女人

口述人：第七师　张燕萍

好不容易进城有了工作，却不顾父母反对自主下岗，卖服装、做餐饮，转战新疆与连云港之间，40多岁了又从连云港回到出生地一二六团干起了餐饮，成为一个走南闯北的女人。

一、童年生活、学校记忆

1. 物质生活

我出生在一二六团，小时候家里生活条件不太好，吃粮食都是配额，好像当时每家只配给10%的白面，我们基本上都是吃苞谷面长大的，只有过年的时候才可以吃到肉和鸡蛋，吃习惯了苞谷面也就不太想吃肉了。那个时候大家的生活都差不多，每个家庭都是如此，也没有觉得特别的穷。

现在来看，童年生活挺苦的，但也很快乐，小孩子比现在的孩子压力小太多了，每天无忧无虑的，学习的时候就学习，玩的时候就玩，我们小时候也会帮家里干活，我放学了会去拔猪草，在家里洗洗碗。

2. 我的学校

仔细想来，我好像在学校里从没有挨过打，也没哪位老师训过我。

上一年级的时候，学校里的教室都是土房子，黑板是水泥做的，在上面刷上黑漆就可以用粉笔写字了。我们的课桌也是水泥板子，用砖砌两个小台子,水泥板往上面一扣就成了课桌。小娃娃写字的时候都很使劲儿,本子又薄,常常会在作业本上戳出一个个洞。

冬天的时候天冷,大家的手冻得红红的,有的学生还生了冻疮,我们趴水泥桌子上面写字还是挺可怜的,衣服胳膊肘这块磨得光光亮亮的,还常常磨破,补了一层又一层。三年级的时候我们学校里的课桌换成了木板儿,两边是用砖垒起来的墩子,上面铺了一块木板。我们上学的时候都要各自带上小凳子,大家都害怕把小凳子放教室里丢了,每天放学的时候还要带回家。上四年级的时候,才终于有了像样的课桌和长条凳。冬天同学们都要往学校交柴火,每天有两位同学当值日生,早点去教室架火,那个时候小,常常生不好火,教室里都是黑烟。

3. 简单的快乐

上五年级的时候,我戴上了红领巾,我们小时候加入少年先锋队可高兴了,也非常骄傲,每天都会把红领巾折得整整齐齐的。

小学里最难忘、最高兴的就是五一开运动会和过六一儿童节,学校会搞一些活动,六一的时候学校里还组织大家跳舞,感觉特别热闹,我们都很开心。

学校的老师教育方式也不一样,对不听话、不好好学习的学生该打就打了,家长也支持,他们常说孩子交给老师了,该打就打吧。那个时候学生挨打了也不敢回家告状,告了家里人还要再打。我学习成绩一般,但比较听话,从不顶嘴,也不惹事,所以在学校里没有挨过打。

我的家庭教育还是挺严格的,家长会告诫我们女孩子不能随便出门,不能夜不归宿,回家不能太晚。那个年代里每家的孩子都太多了,五六个、七八个,还有十个孩子的。大人根本顾不上孩子的学习,基本上靠自觉,老师布置作业就做,该考试就考试。其实那个时候的孩子还是比较单纯,班上最坏的孩子也只是爱调皮,男孩子之间打个架之类的,没有发生过现在新闻里提到的小孩子心理扭曲啊,做一些极端的事啊,更没有听说啥是抑郁症。

现在想想,整个童年里,我们一般大小的孩子家里生活条件没有多少穷富之分,大家一律平等,都是吃饱了就行,在学校也没有什么压力,特别单纯,想的事情没有现在这么多,还是挺快乐的。

4.高中生

那个时候考高中还是挺难的,我们一二六团三个中学一共十几个班,一个班里50多个人,但高中只收两个班,所以非常不好考,我就没有考上。那个时候心里想着大姐她们考上高中就这么难,我自己考不上就算了吧,但我爸说不管怎么样必须上高中,不能初中毕业。于是在1983年初中毕业的时候,给我找了所学校上高中。现在想来,很感谢父亲那时坚持让我继续学习,改变了我后来的生活,没有在初中毕业后直接去团场种地什么的。

二、青年创业、扎根团场

1.进城,工作

从小到大我一直生活在一二六团,大概是在1981年上初二的时候,我才有了第一次进城的机会,去奎屯看住院的表弟。那时候的团场人都认为城市里的人特别好,所以特别羡慕,城里和团场就是城市和农村的区别,总听大人说他们吃的是"计划粮",我们和他们不一样。

张燕萍辞职卖服装

高中毕业,爸爸为了让我脱离团场,有个更好的生活环境,1987年就托人把我安排到了奎屯市造纸厂工作,当时在厂里面,我是第一个从团场去的工人。工作的时候能感受到城市和团场的差距是很明显的。1990年厂里要解决一批兵团人的户口问题,我就正好把户口迁了过来,但我一直认为自己是兵团人,只不过是户口本不一样而已。

2. 第一次创业

在工厂上班的时候我们拿计件工资,最早一个月四五十块钱,最高拿过200块钱。1990年我结婚,1991年儿子出生,1993年我们厂不行了,工人工资都发不下来,我们两口子在一个厂子都不知道怎么办,家里没有收入,光等是不行的,我就狠狠心主动辞职了。

那时候只想挣钱,改变自己的生活。

在朋友的启发下,我开始尝试做生意,妈妈使劲说我:"你好不容易进城了,工厂再不好,你也不应该自己主动辞职,企业不会不管你们的。"当时我心里也困惑、害怕,不知道以后怎么办啊。

辞职后,我考察了一下市场就跑到乌苏路四层楼卖百货。相比较来看,那个时候生意比现在好做多了,我只有一个想法:下定决心干个体。妈妈一直特别反对。老公和我在一个单位,都发不下工资,他就比较支持我。干个体后,生意还是挺好的,至少比我上班挣的钱多,总的说早期创业比现在容易多了。

辞职一年后,工厂宣布倒闭合并了,大家都下岗了,下岗后其他工人都得重新找工作。那时候我的生意已经做得不错了,渐渐的家里条件也改善了。厂里的人看到我挣到钱后都挺羡慕的。其实在工厂上班时间长的人,就不容易走出去,他们害怕亏啊,害怕自己承担所有的一切,也害怕一事无成,一无所有。所以不论当时还是现在来看,下定决心不要工作了确实是需要很大的勇气,心里肯定是有压力,因为真的不干了,自己出来了,一切就只能靠自己!

记得很清楚,我做生意后第一个月挣得钱比在工厂上班的半年工资都多,那天我特别高兴地给姥姥买了一对金耳环,花了260元,那时金价一克才

童年张燕萍

90多块钱，终于可以凭借自己的本事挣到些钱了，真的很不容易，自己心里也非常激动。

现在城市发展得越来越好了，我做生意的乌苏路已经拆掉盖了一栋更好的楼。不过现在的生意和以前没办法比了，网上购物又多又便宜，大家都面临着巨大的竞争和压力，非常不好做。

3. 改行，转战连云港

做服装生意，我就要隔一段时间去乌鲁木齐提货，那个时候从奎屯到乌鲁木齐的路不好走，要么起早贪黑坐大班车，要么包车，要开好多小时，路不好容易发生车祸，经历了两次车祸后，我有些害怕不想再来回提货了。1996年，我和老公商量了一下改行做了餐饮，一家人每天起早贪黑，非常辛苦。2000年，我们一家人投靠回老家的父母到连云港去了，继续做餐饮，主要卖新疆羊肉汤，一干又是七年。

不论我是在厂里，还是在干个体的时候，在哪里我都一直和别人说自己是一二六团的人。在连云港的时候我会告诉口里人自己是新疆人，他们不知道什么是兵团人，如果有人了解新疆的历史，我就会说自己是兵团二代，这种感觉特别自豪。

4. 重回故乡

2007年电视连续剧《戈壁母亲》在央视一套播出后，引起了好大反响，它是我们一二六团韩天航老师的作品，一二六团也建了戈壁母亲广场、红色教育基地、戈壁母亲刘月季食堂等。2014年，我在奎屯零散地打了几年工后，就回到了一二六团创业，承包了红色教育基地的食堂，主打戈壁母亲刘月季大包子。

2014年一二六团的条件也开始变好了，职工住上了楼房，好多人都买了车。算了一下,我已经离开一二六团27年了,刚回去的时候有点不适应,好多人已经不认识了,也害怕自己干不下来。慢慢发现一二六团的人还是那么热情,和城市里的人就是不一样,人在那里干活很轻松,相处方式也真的很简单。

刚创业时,食堂刚搭建好,住的条件和食堂装修条件都不好,我们连洗澡的地方都没有,要到亲戚家去洗,挺艰苦的。两年后,团里投资扩建了食堂,增设了包间,吃饭的环境和城里的饭店差不多了,还很有兵团文化特色。现在我已经逐渐习惯这里,重新融入了团场的环境,儿子结婚成家也快当爸爸了,我们两口子基本上都待在食堂,只有在想孩子的时候才回奎屯看看,一二六团又是我的家了。

三、期盼未来、越过越好

1. 孩子,要过得好

离开一二六团到奎屯去上班时,家人都还在团场,我每周会坐五六个小时的班车回家看姥姥和父母妹妹们,对比一下,一二六团那时的生活条件真的太差了,只有土路,灰尘太大,也太脏,洗澡什么的也不方便,我那时就不想让孩子在团场长大,也一直不想让自己的孩子回到一二六团生活。

教育儿子时就是希望他能好好学习,儿子不争气,不爱学习,他长得高,块儿又大,特别单纯,性格有点冲动,打架很厉害,我又担心他和同学打架把人家打伤了,就常劝他不要和同学打架,打坏了妈妈要赔钱的。还好,儿子挺乖的,挺听话的。后来我干个体,生活条件虽然比从工厂出来时好多了,但付出了好多艰辛,实在太辛苦了,需要承受的压力也太大。所以也不希望儿子自己创业,就希望他有一份稳定的工作,过着安稳的生活。

2. 爱拼爱美的二代女性

我一直觉得兵团特别能锻炼人,团场生活条件差,环境也不是很好,所以人一旦在兵团待了一段时间思想一定会变的,适应后就学会了吃苦耐劳,团场简单的生活也会让人不再那么浮躁,没有那么多闹心的事。

作为第二代兵团女性,我比妈妈那一代女性思想要进步,对事物的理解也不一样。妈妈她们那代人吃苦耐劳，特别有集体主义精神，为了工作，家里都顾不上。基本上在一个岗位干一辈子，兵团的第二代女性们更敢闯，兵团汇聚了各个地方的人才，性格上也是想做什么就做什么。

妈妈那代人比较保守，也比较爱面子，离婚的基本上没有，甚至连夫妻间吵架都怕别人知道。我们第二代女性在婚姻方面是比较自由的，对象基本上都是自己找的，离婚率比第一代要多一些。在家里，女人的地位比男人的地位还要高，至少我自己和朋友家里就是这样的情况，家里大事小事的决定权，家里的财政权，都在女人手里。

总的来说，敢闯敢拼，能干又爱美，就是我们这一代女性的特点。

访谈员后记：

> 时代的变革会在不经意间影响普通人的生活轨迹，终于脱离了团场的身份进城上了班，又遇到企业效益不好选择自主下岗再就业，转战内地，一次次选择需要很大的勇气，就像人生需要一步步踏踏实实地经营。

知性教授

口述人:石河子大学　王志炜

　　石河子大学年轻的女教授,从小家境较好,在父母潜移默化的影响下,她养成了踏实认真、追求自由的性格。在工作与生活中,她敢于听从内心的声音,追求自己想要的幸福。她生在兵团,扎根兵团,热爱兵团。

一、童年生活

1. 父母的婚姻

1960年,在新疆当医生的伯父把父亲从河北老家带到乌鲁木齐八一中学上高中,父亲学习好,考上了新疆大学化学系,大学毕业后响应号召主动要求分配到兵团农五师下属的团场。那时候去团场工作的大学生非常少,团场领导就把父亲留在了当时农五师博乐市师部医院。在医院工作了10年后,父亲调到了农五师第一中学当教师,慢慢升到教导主任、校长。1988年父亲又被调到当时七师所在地奎屯,在兵团师范高等专科学校化学系担任主任,后又任教务处长等职。

母亲是父亲好朋友的妹妹,两人从小就认识彼此都有好感,父亲回河北老家探亲时,大家一撮合就结婚了。母亲是中专生,毕业后在河北沧州一家工厂上班,结婚后随父亲来新疆调进了农五师医院当会计。

"文化大革命"时,父亲受到了一些影响,他本来在医院的岗位是药剂师,"文化大革命"期间造反派们认为这么重要的岗位不能让一个大学生来做,就让他天天去挑水、烧蒸馏水,干一些体力活,还好当时的工资待遇一直没变,家里的生活水平没受到多少影响。

2.富足的生活

1972年,我在农五师师部博乐市出生。家里共有三个

2005年,王志炜给学生上课

孩子,我还有一个哥哥,一个弟弟,我是老二,家里唯一的女孩子。小时候新疆的工资待遇挺不错的,听父亲说比内地的工资还要高一些,父母又是双职工,所以我们家里的物质条件还不错。

父母所在单位农五师医院是当地最好的医院,住房和周边生活环境都是当地比较好的,从幼儿园、小学到中学,我们三个孩子读的都是当时最好的学校。

刚开始我们家住在医院的家属院里,一排平房住五户人家,每家两间房,那个年代三个孩子算少的,好多家庭都四五个孩子。家属院的生活条件在当地都是挺好的。单职工的家庭里,老婆基本是从老家带来的,没有什么文化,孩子一多,家里生活条件就下降了。20世纪70年代末,医院开始执行计划生育政策,好多家庭开始出现了独生子女。

农五师医院有会堂、操场、澡堂和其他生活设施,生活比较方便。记得住平房的时候,家属院里小孩子们之间的关系特别单纯,天天结队一起玩。年纪相仿的孩子特别多,大家一起跳皮筋、打沙包、抓骨子、弹玻璃珠、打嘎嘎等。

10岁那年我们搬进了楼房,是当地第一批搬进楼房的人。我在家也不怎么做家务,只是扫扫地,擦擦桌子,带着弟弟一起玩。我们穿得还行,有布票的时候母亲就会扯布给我们做新衣服。那时基本没有买衣服的人,都是

家里自己做,我们也没怎么穿过打补丁的衣服。小时候父母都有自己的自行车,我很小的时候就会偷偷地把大人的自行车推出去,自己学着骑,常常摔得青一块,紫一块。

二、上学、青春

1. 回老家上学

上小学时,到处流传中国和苏联要打仗,苏联的大炮已经架到阿拉山口口岸了。我当时小,具体什么情况都不知道,只看到大家都很担心,很多大人把孩子送回了老家,父母不忍心将三个孩子都送走,留下了年纪小的小弟弟,把我和哥哥送回河北老家上了两年小学。两年后中苏关系缓和了,孩子们又陆陆续续回新疆上学了。

那两年我和哥哥就读于河北沧州市小学,那时的河北老家也挺穷的,吃豆子面、苞谷面。在新疆时我们都可以吃白面了,还常吃鸡蛋,只是那时的肉票紧张,常常买不上肉,如果周围有养鸡的人家,父母就会买只鸡来吃,差不多一两个星期可以吃上一次鸡肉,有时候父母会带我们去吃烤肉,买饼干、罐头等零食给我们。在沧州上学时,我常自豪地说新疆比你们这什么都强,他们都不相信,有的大人甚至都不知道新疆在哪里,老说我是黑龙江来的,对新疆根本没什么概念。

2. 回博乐读小学

二年级时我转回了博乐小学,发现同样是小学,博乐的小学条件比内地的条件要好,师资、教学环境、教学楼、吃的都比河北沧州好。

博乐市小学的老师普通话标准,没什么口音。语文课上,老师对于笔画、笔顺的教学都非常正规,我到现在也没有发现语文老师有教错字的现象。那时的老师很严厉,小孩子上学调皮了会被拍一下脑瓜、揪耳朵、罚站,学生家长也觉得很正常,感觉没有什么必要去告学校老师。

20世纪90年代以来,新疆的建设步伐与其他省市相比出现了落差,其他省市发展太快了,工资也比新疆高很多,新疆各方面的发展确实比不上其他省市,我现在也不像小时候那样有优越感了。

3. 高中

父母对我们的学习要求比较宽松,学习好像是全靠自觉。读高中时我学习中等偏上,但不拔尖,考上大学还是比较难的。

高中时我的兴趣比较多,喜欢读小说,把家里、图书馆的书都找来读,名著、史传、小说、武侠、言情等,都有涉及。除了喜欢看书,我还喜欢服装设计,十几岁就开始自己设计衣服,自己买布做衣服穿,所以高考后我去新疆纺织大学读了服装设计专业。

高中时谈恋爱的同学不多,但我偷偷谈过,家里人都不知道。那时候我们还比较单纯,谈恋爱就是男生和女生偷偷地去看个电影,互相等着一起上下学,路上一起说说话。

三、成长的环境

1. 兵团家庭

兵团人都是从五湖四海来新疆的,没有根深蒂固的传统思想和约定俗成的规则,对于家庭和婚姻生活的看法好像也比较超前,风俗和别的省市不太一样。记得在沧州老家,我就见过多数男的在家里不干活,天天当个甩手掌柜,还掌握着家里的话语权,女性在家里没有什么地位,请客吃饭都不能上桌。

兵团有很多上海、武汉等大城市来的年轻人,他们都是知识青年,有新的思想观念,新东西一来很快就会传开,在新环境下还会发生不断地改变。这样聚结在一起的兵团人思想一边碰撞,一边融合更加开放,内地相对来说人际关系还是保守了些,传统了些。

2. 家庭观念

小的时候父母基本上不怎么管我们,天天忙工作,没有时间辅导我们的作业。我们都是一群小伙伴在学校学习,回家后自己玩。家庭教育主要是基本的礼节,那个年代的家庭里,父母和子女的关系还是挺亲密的,好像很少有大男子主义、重男轻女的家庭,暴力打孩子的家庭也比较少见。

我们当时上学的目的只有一个:多读书,考大学。谁家孩子能上大学就是件特别光荣的事情。我在家里比较娇惯,很少挨打,我们周边好像每个家

2019年的王志炜

里都会对女孩子更爱护些。

小时候我就到内地去玩过,母亲过年的时候会带着我们几个孩子回老家。那时候新疆的交通很不方便,我们要从博乐坐班车到乌鲁木齐,差不多要两天,中间还要在乌苏住一晚,乌苏在那个时候是挺有名的驿站,好多车都在那里中转休息。然后到乌鲁木齐坐火车,再转火车去河北,沧州上学的那两年,我始终觉得新疆比内地好。

家里三个孩子的关系比较亲密。我和弟弟总是一起玩,关系更好一些。哥哥大,不怎么愿意和我们一起玩,但哥哥对我们很好,很照顾我们,他有钱了都会省下来给我们花,甚至成年了还是这样,哥哥比较喜欢自由,去过几个地方工作,现在还是一个人独自生活。

我们家几个孩子的婚姻观念好像都比较开放,父亲常对我们说:"你们做的任何一个决定和行为,大人都不会干涉,但你们要为自己负责,将来不要后悔,也不要怪大人当时为什么不给你们其他建议。"因此我们三个孩子对自己的生活都比较有自己的主意,父母也不太会反对。

3. 成长环境

一个人的成长环境对他后来的发展是非常重要的,父亲母亲有一定的文化,给了我们好的生活环境,也为我们的人生前途考虑很多。高考前,父亲看我考大学没有希望,就想办法让我去学设计,还找了个家教老师带我。这样有指导性的人生规划,让我以后的人生路走得比较平顺。

父母教我们从小就要自尊、自爱、自立、自强。我虽然是个好强的人,但并不喜欢争第一,也不能容忍自己太差,如果感觉自己哪里有问题,我会努力让自己在这方面做得好一些。

工作以后我总觉得自己起点比较低,所以工作特别认真,上课的时候也特别勤奋,每次都会好好地准备课程,到现在我的备课笔记本已经积攒了很多。在父亲还是大学教务处长的时候,就要求我脱稿上课,要把上课的内容全部在脑子里记下。

早些年有一个政策,父母亲在一个单位里工作,如果有一人退休,就可以解决一个孩子的工作问题,去父母单位顶班,叫做内部照顾。我身边有的哥哥姐姐就是这样去工作的。我家三个孩子都没有顶班,哥哥考上大学就出去工作了,我大学毕业后当了老师。后来慢慢发现那些没有考大学早早去顶替工作的人,好多都赶上了下岗,那些人既没有学历又没有技术,生活过得挺艰难的。

四、父母影响

1. 不自信的工作

我在新疆纺织大学读服装设计专业,毕业后在乌鲁木齐纺织厂上了几天班,那个时候就想自己去闯一闯,上了几天班发现工厂和我想的一点也不一样,纺织厂不景气的时候,我就离开了。

在父亲的帮助下我到兵团师范专科学校当了一名老师,教美术教育专业大专成人班。1996年学校合并到了石河子大学,我们也搬到了石河子。刚工作的时候我有些不自信,总认为自己很弱,感觉自己进来上班是

2020年的王志炜

有点照顾性的。而且我学的是服装设计,和美术专业来说还是有点偏差,那个时候美术系里的有些老师已经是有知名度的画家了,而我什么都没有。

2. 父亲的严格要求

父亲对我人生的影响是最深的。他在学校时只当了一年化学系的主任就升为教务处处长。他以身作则,对自己的要求非常严格,常常为了上课晚睡早起,按大学的要求去写文章、发论文,这些对我都产生了潜移默化的影响。

有时父亲的光环也会给我带来负担,会让别人否定我的工作能力,还好当时心态好又肯努力,大家对我上课的水平还是认可的。

对工作我始终有一份责任感、使命感,我认为拿了薪水就应该付出。我希望能为学校做一点点贡献,石河子大学能够因为有我而变得更好,我也是真心想通过干点事来实现自己的价值。虽然有时同事私下里聊天听到有些人根本不看好我,他们对我的认识只停留在关系层面,有什么事也不爱理我,但共事了多年以后,看到了我的成绩,这些人终于也认可了我。

当然我的事业起步也比较晚,2008年我才开始规划自己的事业,真正全身心地投入到写论文、做课题、做研究的工作中。通过努力上进,2012年我评上了副教授,2017年评上了教授,在事业方面也终于找到了自己的发展方向。前十年的工作给了我积累和机遇,通过努力,我的各方面开始比较顺,人生也豁达起来,机会也慢慢地多了。

3. 上进的母亲

原生家庭中,母亲这个角色很重要。我的母亲是一个不爱在琐碎事上操心的人,不会像其他家的母亲那样唠叨孩子,她只会做事,把事情都做得很好,工作也安排得很好。她是目前为止石河子大学唯一一位退休的会计师,事业方面很上进。母亲的工作态度也影响着我。

我的父母关系特别和谐,没见过他们吵架,也从不为琐碎的事发生争执。我就是父亲的小棉袄,本来女儿和父亲之间的关系就是特别亲密,小时候他走哪里都会把我带上。

五、婚姻观念

1.丁克家庭

我结婚时,父母就说要为自己的选择负责,不许后悔。我和老公选择了丁克,他们也没有反对,没有给我们做思想工作。好像他们从来不为这些事发愁,哥哥是不婚主义,他们不催;我丁克,他们不劝,一直在尊重孩子的选择。

反而在沧州市当中学老师的姑姑经常给我打电话,她总担心是我老公不想要孩子,就问我是不是在家受气了,劝我不能什么事都听老公的,要给自己生个孩子,养儿防老等等。去年我回了一趟老家,姑姑看到了我们较好的生活质量和婚姻状态,才明白是我们对生活方式有不一样的追求,就再也不好意思说我了。

我从小就比较叛逆,没有想过要生孩子,我认为负担一个孩子会改变我现在的生存状态。照顾一个孩子的一切必须要付出一生百分之九十的精力,回报也可能只有百分之十,所以一直都不想要孩子。我有自己的一些私心,认为对孩子的感情、爱等都只是瞬间的,更多还是无穷无尽的付出,我不太愿意十几年如一日的在照顾孩子,想自由一些,干点自己的事。我的想法也可能有点极端,认为对孩子付出一生是一件不值得的事。

2.我的婚姻

在家里我和老公亲密又各自独立。我长期生活在石河子,他比我大6岁,一直在乌鲁木齐创业。我喜欢年长的、懂我的人,有时候一个眼神,一句话,他就能明白我后面的话。

老公家在伊犁最穷的团场,结婚的时候我并不在乎他有没有钱,我想在婚姻家庭里,两个人精神层面的契合更重要。我们一直有内心可以沟通的地方,比如我想干什么,他都知道,而且非常支持,好像一切都是顺其自然的事情,世上这样的两个人是很难遇到的。当然我们两个人的性格也会有急躁的时候,那时候也挺绝情的,吵起架来什么话都敢说。我们曾经有过一段难熬的日子,那时候他的事业处于低谷期,基本上没有心情关心我,两个人之间的关系很冷漠,他整个人的状态很不好,随时都会发火,完全不会顾及我的任何感受。那时候我甚至觉得他是世界上最冷酷、最不关心我的人了,我们之间一天天都在触碰感情底线。有些瞬间我有想过离开,这样煎熬着太受伤了,也认定自己有能力过好。我在内心里给了他两年的时间恢复。两年后他事业慢慢好转,心情逐渐开朗起来,我们两人之间的关系也慢慢缓和解冻了。

现在回过头来看看,我们结婚快20年了,激情已转化成了浓浓的亲情。我们有良好的感情基础,相信如果彼此有什么事发生,都不会放弃对方。这些年他为这个家里做了很多事情,我一分钱也没有存上,都自己花了,他一直努力为我们养老存钱,即使现在不工作,以后也可以过好日子,所以我也不用担心什么。

当然婚姻中最大的感触就是要学会忍耐和迁就,两个人来自不同的原生家庭,哪怕感情再好,如果两个人都不忍让,就必须得放弃,没有必要纠缠,人生短短几十年有多少时间去纠缠呢。我的人生态度很明确,如果有几件事让我选择,我第一个选择的就是好好生活,如果有什么影响到生活的质量,我都会放弃。

3. 婚姻中的女性

第一代兵团女性吃、穿、用都缺乏,也没有爱美的条件,生养了好几个孩子,还要和男人一样工作,干的体力活一点不比男人少,真的非常的辛苦。我身边还有很多表现突出的兵团二代女性,她们的兵团意识是从骨子里散发出来的,确实体现了兵团人吃苦和奉献的精神。但我和她们不太一样,我一直认为婚姻中的女人就应该负责美貌,男人负责养家,女人要自己过好,从心里把自己当女人,不要太强势,男人就是要在家里多干些,事业成功些。

六、兵团印象

第一批兵团人大部分来自上海、山东、武汉、湖南、河南、四川等,大家在这里互相认识、互相了解,眼界也比只生活在一个地方开阔。兵团人的素质是比较高的,兵团子女的教育体制比较完善,我没有看到过失学的孩子,兵团人受教育的程度还是不错的。

我是一直生活在市区的兵团人,没有在团场生活过,对兵团认识不全面,从小只是觉得自己是新疆人。对兵团人开始有概念是和老公谈恋爱的时候,他总说自己生活在兵团最穷的地方,在最穷的家里,父母亲一点能力也没有,他努力成为家里最有出息的孩子,这期间遭受过很多白眼。他经常讲小时候吃过的苦,在他的讲述中,我认识到了一个不一样的兵团,后来我也慢慢接触了一些在团场生活的人,感受到了兵团农场职工真的挺辛苦的,家里也确实穷。

虽然我不会刻意说自己是兵团人,但每当听到内地人说你们兵团这么偏远,你们兵团怎样怎样时,我特别不解这些人哪来的优越感,特别想怼他们几句,这就是深藏在内心深处的热爱吧。

访谈员后记:

婚姻、家庭和生活,王志炜都有自己的看法,也许她的观点不符合社会大众的想法,但她敢说敢做,正是这种勇敢让她活成了自己想要的样子。

永远的大姐

口述人：第七师　崔女士

家中大姐，与妹妹相差10岁，自小照顾弟妹，天天做家务。不到16岁开始工作，生活圈简单、平淡，如今退休，依然关心弟弟、妹妹的家事，就像母亲一样。

一、在贫困中成长

1. 贫穷的童年

我出生在奎屯水库,属于奎管处,也是兵团的单位。水库周边人少地广,大家住得分散,人烟稀少。小时候我家住的是土块盖的平房,就一间大房子,一家六口,父母和四个孩子。做饭、睡觉都在这一间房子里,中间用一面火墙把房子隔成两部分,桌子很简陋,就是用土块垒个墩子,上面铺个板子就行了。

那时候发的苞谷面都不够吃,大人就得想办法种点菜。平时根本没有肉吃,也没有清油,只有过年的时候才能吃上一次肉。

每天晚上点煤油灯,烧柴火做饭,每天放学后我都要去捡柴火。冬天也是烧柴火,水库周边到处都是梭梭、树根,我们就会去挖来烧炉子。梭梭林后来开地的时候,都挖没有了。

小时候我们还吃过大麻籽,籽里有油,吃起来香得很,其实那时就是饿,啥都吃。黑豆豆、沙枣、野果子只要能吃的都可以吃到肚子里。

当时布票、粮票、肉票都是限量供应的，家家都特别紧张。粮食都有配额的，80%的苞谷面，20%的白面。自己家可以喂些鸡、兔子啥的，可以吃点鸡蛋。记忆里有一阵子吃过大锅饭，后来又改成小家做饭了。

布票一年才发一次，没票想买布也买不上，家家都是自己做鞋子、衣服、棉衣、棉裤。大孩子穿完小孩子穿，只有过年或过生日的时候，才有可能做一套新衣服，有件新衣服穿就高兴得不行。

那时的冬天特别冷，雪很厚很厚，我们穿着毡筒、毡袜子、胶鞋。后来，水库一排房子住了好多家，一家都有四、五、六、七个孩子，一堆孩子一起玩特别开心，不像现在的小孩子都不愿意出去和小朋友玩了。

2.上学交白卷

当时学校的条件相比较还是不错的，教室是土块盖的平房。老师是从上海、湖南、湖北等各个地方来的支边青年，老师教得特别好，但学生们都不好好学习，我的成绩也不好。

那时流行白卷英雄，张铁生交白卷，大家都向他学习，都不好好学。"文化大革命"时候开始写大字报，红卫兵们写老师的大字报，我没有参加红卫兵，高年级的学生还参加武斗，批教师，但学校一直没有停过课。

老师那时候管得挺严格的，考得不好要批评。家里孩子都比较多，老师对孩子的学习挺关心的，但是父母实在太忙根本没有时间管孩子学习。

3.难忘的事

我是大姐，平时弟弟、妹妹都是我带着的。

每天一放学我就赶紧跑回家带孩子、捡柴火、洗衣服、挑水。妈妈要给我们做饭，我天天要到渠道边上去挑水。水库很近，挺危险的，年年都出事，都是小孩子溺水。父母不让我们下水库去玩，玩一次打一次。

现在想来，童年最难忘的就是过年的时候可以吃饺子、吃肉、穿新衣服。感觉饺子怎么这么好吃啊，好香啊。

4.学校里没时间恋爱

那个时候的学生也会谈恋爱，初中谈恋爱的孩子挺多的，我也想谈，但我的个子矮,上课坐第一排,后面发生什么事都不知道,想谈也谈不上。班里同学年纪相差挺大的,大一点就知道谈对象,我们年纪小不太懂,也没人找过我。

当时学校不许谈恋爱,好像也管不了。我放学不回家带妹妹就要挨打,没有时间打听那些八卦,妹妹小我10岁,家里就等着我回家干活,如果我不回家、不干活就会被暴练一顿。妈妈身体不好,对我也没有耐心。我心里也真的挺生气的,可是气也没有用,还是得天天干活。

现在想想童年和同学一块出去玩真的很难忘,偷偷去游泳,一块偷西瓜,偷一切能吃的东西,偷了就吃掉,拿回家吃被爸妈看到了就要挨打。

5. 水库工作

小的时候去过一趟奎屯,去过一二五团玩,觉得这些地方都好远啊。初中时,我心里想得赶紧找个工作,早点离开家,不天天干活了,可以过自己的生活。

我考上了高中,家里没有钱没让我继续上,1979年不满16岁的我就工作了,负责在水库挖大渠,现在的那些大渠都是我们一铁锹一铁锹挖出来的,挖了两年大渠道后,又盖了两年的房子,我动作麻利得很,现在一般砌墙的师傅都砌不过我。我们的工作就是干活,干的全是苦力活,虽然苦但是心里很高兴的,终于可以自己挣钱了。

我们一帮年轻人一起到各个地方去干活,干到哪里住到哪,一起吃住,一起劳动,真的很开心。有时拖拉机会拉着我们一帮人去看电影,要不就拿一个破录音机放着磁带,大家在一起跳舞。

1984年我又回到了家住,不用再干重体力活了。水库一直算是个好单位,团场的女人都想嫁过来。所以我一直也没有想过离开水库,更没想过离开父母。

80年代初,一家可以有一个院子,住得宽敞了,我们有两间卧室,一间客厅、厨房,还通了自来水。我们水库的孩子没有拾过棉花,水库里有鱼,水边上种稻子,算是鱼米之乡。那时鱼多得很,水库的人吃得都不想吃了,就拿来剁碎了喂鸡。那些年真是吃得够够的了,但现在想吃那样的野生鱼已经没有了。

二、我的家庭生活

1. 生活越过越好

我1986年结婚，1987年孩子出生。1993年搬到了奎屯，我们是较早一批住到奎屯的人，还住进了楼房。2010年，水库二处合并到北方集团，我就一直在那里工作到退休。

我的生活挺平淡的，没有大起大落，日子确实是越过越好，没有挣多少钱，就是挣个工资，没有发财，也没饿着。听说我有两位同学在乌鲁木齐当领导了，却没有见过。

2. 节俭的第一代

作为兵团第二代女性，我们是有工作的，经济是独立的。

妈妈那一代就是家庭妇女，生了好几个孩子，生活条件又差。想想她那时天天打我也是有原因，天天愁吃愁穿的，心情肯定不会好。要是我把鞋子、衣服穿烂了，要花钱就肯定要挨打。生活压力太大，脾气才不好。

我们这代人想法和她们不同，她们穷惯了，节俭得很，不舍得买东西，也不舍得给别人东西，什么东西都放在自己家里，不舍得扔家里旧东西。贵一点的东西买给他们还不舍得吃，现在年纪大了爸妈还是这样子，空瓶子之类的破烂还要存起来卖钱。

3. 简单的生活

兵团人一辈子都奉献给了这里，第一代兵团人最艰苦，一辈子都在吃苦，付出得多。

我这半辈子的生活圈子都特别小，只想着家和万事兴，照顾好自己的弟弟妹妹，管好自己的家庭和孩子，我常把全家人叫来坐在一起吃饭，其他人的事我也不管。小时候看弟弟妹妹，长大了还要教他们如何经营好家庭，好像一辈子都在管着他们。

在家庭关系中，我身边的人都是女性当家，男人挣了钱交给老婆，女的掌握经济大权。周边朋友中家庭关系也挺好的，没听说谁家两口子打架。

家庭婚姻关系很稳定,没有人离婚。在兵团我没有见过歧视女性的现象,我的生活一直很简单,周边的环境也很稳定,接触的人也不多,和单位同事几十年了一直在一起工作,都没有变过,也没有来新人,就这样一直干到我退休。

访谈员后记:

几十年来,她只做了一件事:做一位尽职的大姐,像半个家长一样照顾着弟弟妹妹,家和万事兴。贫穷、饥饿、苦力都被她平淡的一带而过,人生简单一点未尝不是一种幸福。

我的母亲和姐姐

口述人：第八师一四三团　陈宇奇

唯一一位男性，兵团出生，兵团长大，通过自己的努力打拼到海外，拥有美国绿卡，20年后重回第八师一四三团，为了铭记兵团创业的那段历史、他深爱着的这片土地，自筹经费建了一座微型兵团二代博物馆。

我出生在第八师一四三团五营曹家堡,家里一共三个孩子,一个哥哥一个姐姐,我最小。哥哥是老班长,姐姐生活在乌鲁木齐。

一、姐姐的爱情故事

姐姐有一个悲伤、遗憾的爱情故事。

她是团里面比较漂亮的女孩子,当时在宣传队里放电影。放电影的职工都要服从安排,一个连队一个连队的去放。有一次姐姐去安集海放电影,认识了一个北京的小伙子,是北京新华印刷厂的印刷工。小伙子是一位转业军人,看着一身正气,转业后被分到了北京新华印刷厂。他们两个人当时就对上眼了,后来因为工作原因小伙子回了北京,走之前他对姐姐说:你等我的信,等我回去把手续办好,就把准迁证寄给你,你办好手续后来找我。

我家住在曹家坡,离食堂只有几步路。姐姐长得漂亮,邻居总想让姐姐给他当儿媳妇,但姐姐根本看不上他们家儿子。有一天姐姐睡了一个午觉,差不多4点左右醒来,邮差在门口大声喊姐姐有一封来自北京的信,放在食堂了。当时邻居正好在食堂门口抽烟,他是厨师,正准备蒸馒头。他也听到邮差的话。姐姐上了个厕所后就去拿信,信就找不到了,姐姐心里挺奇怪,信怎么就没有了,当时大家都单纯,也没去追究,这事儿就这样不了了之了。

后来姐姐回忆说,隐隐约约觉得应该是那个小伙子给她写的信,她根本就不认识其他北京的人,从那以后姐姐再也没有收到过信。很多年后,那个邻居自己揭秘,说就是他把信拿走了,信里面就是那个小伙子寄来的准迁证。

1967年的姐姐

姐姐就是一个倔强而且有自己想法的人,不管怎么样也都没和邻居家的孩子结婚,她想摆脱种地的命运,不想被困在这里,就离开了农场去乌鲁木齐做工人,在乌鲁木齐找了一个对象,一个汽车司机。那个时候女孩子找对象流行找抓方向盘的或拿听诊器的。

二、我的奋斗

1.读研工作看世界

1977年我离开石河子去上大专,毕业后就留在了乌鲁木齐一个技校当老师,1984年我以同等学历考取了硕士研究生,导师看中了我的数学满分。我数学成绩一直特别好,考研前就把研究生的数学相关课程内容习题都做了。

读研究生的学校是安徽淮南矿业学院,现在的安徽科技大学,1987年我又回到新疆,被分配到了新疆维吾尔自治区冶金局做事,经常陪领导出国访谈。80年代是一个人才很稀缺的年代,政府接受研究生来工作是一个大胆的决定,当时的冶金系统局长是清华毕业的,他很有眼光,让人事处处长招几个研究生。那一年,冶金局招了两个硕士研究生,我就是其中一个,1987年底我被派去了纽约公干。

2.辞职去美国读博

公干回国后我就下决心要到美国去,当时辞职的压力还是很大的。我自费留学到肯塔基大学读博士,一开始学采矿学,两年以后就转成了机械工程学。慢慢地我融入了美国社会,那时的美国人崇尚奋斗,哪怕你在餐馆里面没日没夜地打工,也可以支撑未来。你在学校里面奋斗,做好每一个课程,学好你自己的专业,就是个有成就的人。博士五年毕业后我在美国找工作,那个时候找工作都是电话面试,没过多久公司就录用了我,我走进了美国最大的家用电器公司惠尔浦。

3.故乡的根

现在算算已经在美国20多年了,我常在美国、中国两边跑。很多时候还是会想我的团场,这里才是我的家,我的根。在中国我没有选择去北上广,这就是重重的故乡情结,一份浓浓的情怀。

这些年来中国的物质生活、通信技术、文化素质总体来讲是迅速发展的,其中最快的是物质文明,变化太大了!中国有的购物中心甚至超过美国。比如新疆乌鲁木齐的购物一条街,那么多外国品牌,我一看都像在美国了。从环境上看,中国也加快了脚步,就拿我们这个小地方来说,距这里大概三五公里远污染严重的小工厂关闭了,我们的环境保护意识都在提升。

三、我的故乡情结

我现在还只是绿卡,孩子和我不一样了,他们从小在那边接受文化与教育,已是美籍华人,适应了美国的生活。他们偶尔会回到家乡来玩儿,但感情完全不一样,他们对这个地方没有多少感情记忆。而这里是我早年的回忆和生活,有着深厚的感情。

多次回到一四三团,我想留住兵团发展的历史,想让后代们能看到曾经的样子,就自筹经费建了这个二代兵团博物馆。

四、男性眼中的兵团女性

我是兵团第二代男性,继承了兵团第一代人艰苦奋斗的精神。我们这一代人曾经骑着红旗牌自行车,顶风冒雨地去工作,也享受到了改革开放带来的飞速发展。第一代兵团人永远地留在了新疆,我们这一代人在改革时期,有了机会尝试着走出去,去看看外面的世界。我才能参加高考,能上研究生,可以出国走向世界。现在我又回来了,我也感觉到了相对于女性来说,男性的发展空间会更大。

母亲她们那一代人生活很艰苦,到了我姐姐那一代,社会发展了,条件没那么艰苦了,但艰苦劳作的精神一直都在兵团里传承。母亲这一代人特别能过日子,大多数就是嫁鸡随鸡、嫁狗随狗的观念,反正就是随夫,辗转南北,少小离家,一直跟着丈夫,这种不离不弃的精神特别牢靠。父亲在新疆时母亲先在四川等着父亲,她是外地媳妇,家乡里的人都嫌弃她,还说让她赶紧改嫁吧,别在婆

1972年,姐姐排节目

家种地了,甚至还要撵她,赶她出门,但母亲没有离开。就一直等父亲,后来又跑到新疆来找父亲。

我的姐姐没有母亲那么老实本分,总想着跳龙门,她们都是六七十年代出生的,只要漂亮一点、有点本事的姑娘都是那样想的,我现在只是客观的陈述,并没有任何批评的意思。姐姐初中毕业就没读书了,她没有太多心思学习,没办法只能务农。姐姐那个时代的女孩子,就想要找医生,找司机,绝对不想再找个农民继续种地。你看现在的女性都想着找优秀的男性,要么以金钱衡量,要么以社会地位衡量,要么以社会生存环境衡量,好像很多人都是这种观念。

兵团好在没有什么重男轻女的现象。我家里就没有,对姐姐好像还更照顾些。就算一个家里有五个女孩一个男孩,父母也不会有那种重的封建思想,都是自己的孩子,都是疼爱的。我一个女同学家弟弟是最小的,不管孩子之间怎么吵架,父母绝对不会偏向男孩,对待男孩女孩都是一样,都宠着的。但是后来看到其他省市很多家庭有很多重男轻女的思想和做法。

五、我永远的兵团

年轻的时候我只想为事业打拼,对兵团身份的认识很淡薄,反而到了现在这个年龄后,家乡情怀越来越浓了,觉得自己一直是一个兵团人。我现在会常住一四三团,有时间就好好建设兵团二代博物馆。

访谈员后记:

自信、自豪,一讲到兵团二代博物馆时就特别兴奋,博物馆里的东西是他四处收藏的,有很多历史的记忆,他还专程请人定做了巨大的马灯放在最显眼的地方,如他内心的兵团情结一样明亮。

我的团场我的根

口述人：第七师一二六团　张艳玲

曾在一二六团教书,后到连云港某机关幼儿园从事教育管理工作,现已退休。家中有姊妹7人,她是大姐,干过不少活、吃过不少苦。

在连云港居住多年,多次重归故里,看着家乡的巨大变化。但在她心里,兵团才是她的根。

一、童年生活　姊妹情深

1. 大姐就是"家长"

家里姐妹七个,我是老大。

小时候,父母天天忙着上班,经常不着家。一大家子的生活起居就落在姥姥和我身上,捡柴火、拔猪草、喂猪、做饭、拉水、洗一家人的衣服,每天都会有干不完的家务活,姥姥那么辛苦,我是大姐,始终认为自己多干活是天经地义的应该干的。

除了和姥姥干家务活以外,我还有个更重要的任务是照看6个妹妹的学习。可能我家的小孩都没有什么学习的基因吧,老二从小身子就弱,干不了活,放学回来就在家玩,啥也不干,也不学习。老三很小就在别的团部上学,不常住在家。老四小我5岁,和老五在一个班。她们的学习差了好多,每次去给她们开家长会,老五总是被老师从德、智、体、美、劳几个方面夸个遍,老四就是另一种极端,我一听就来气,回家就把她一顿好揍。老四比较犟,也瘦得很，干不动活，老五比较勤快些，能干家务的时候，就爱打扫卫生，把家里收拾得干干净净。老六、老七太小了，也干不了什么活，我特别累的时候，就让她们拿着抹布把家里擦干净。

回想那个时候，不时地会因为生活中的各种小事打她们，她们也怕我，尽量不惹我，挨打了也不敢出声。但老五学习好，脾气大，得理就不饶人，好像有次我打了她，她不服，拿着菜刀就过来了，把门都砍烂了。后来她们渐渐长大了，我也不打了。我就像一个妈妈一样，事事都管着她们。几十年过去了，我们姊妹几个现在聊起来还觉得特别有意思，在那个艰苦的日子里跌跌撞撞地长大、工作、结婚，一大家子人常常在一起，彼此照顾，彼此帮助。

2.累并快乐着

记事起，干活就是我生活中最重要的一部分，当个老大不容易，也会挨母亲的打，那个时候我也小，也只是个孩子，干活不利索，如果不小心让妹妹跌倒了，她们一哭我就会挨一顿打。现在想想，父母在家庭教育中大部分都是缺失的，他们忙着生活，忙着生存。我们这帮孩子在成长过程中模仿、学习他们的样子，这更像是自我摸索着成长，自我教育。不管怎么说，幸运的是我们姐妹几个终于长成了自力更生的人。

小孩子没什么心思，虽然天天干活，但童年还是那么的无忧无虑。

小时候我们总会疯跑着玩，到天黑该吃饭时才跑回家，哪怕出去捡个柴火，也可以在戈壁滩上玩一上午，在梭梭丛里捉迷藏，在

1979年，张艳玲全家福

沙包里捉虫子。最好玩的游戏是打土块战,一大帮年纪差不多的男孩儿、女孩儿都在一起玩,女孩儿给男孩儿运子弹。有时候还去地道里玩(那时苏联和中国的关系紧张,每个团部都挖了地道),或者中午不睡觉偷偷跑去河里洗澡,到河里玩的话回家都是要挨打的,但每次打完了我们还是会去。老师也担心我们的安全,也不让我们去河里洗澡,他们中午就在门口守着,用指甲在学生胳膊上划一下,能划出一道白印子就证明去河里洗澡了,就得罚站或是罚打土块。

小时候玩什么都会上瘾,跳皮筋、踢毽子、打沙包、抓石子……通常十几个差不多大的孩子都在一起玩,我们住的房子是一排排的,大声一叫一大堆孩子就从家里冲出来一起跑了。这些简单的游戏填满我童年所有的快乐时光,也是我最怀念的单纯岁月。

3.姥姥的智慧教会我成长

姥姥一辈子没过上什么好日子,历经艰苦岁月,早年丧夫,一个女人在吃不饱的岁月里拉扯着两个女儿。母亲结婚后,她又来照顾我们姊妹7个,常年干活,她的手上布满了老茧和褶皱。

我们家里本来人口就多,还总有人来吃饭,姥姥人好,父母人缘好,都不小气,每天都不知道哪里来的人,算起来总有十几张嘴吃饭。我每天都要蒸一大锅的馍馍,每次发面、揉馍馍的时候就挺气的,那么能吃,感觉天天累得不行。父母很勤快,总是会想着办法改善生活,但在特别缺乏粮食的时候也会吃不饱肚子。姥姥就会喊上家里所有小孩去地里捡麦子,捡了麦子背回来,再用小锤子把麦粒捶出来拿到农场换成白面。

我长大些,有力气了,就不让姥姥出大力,主动挑起拉水的担子。那时拉水的架子车是团部互相借着用的,车上还有一个能装180公斤的大油桶,装满水后倒进自家的缸里面存着备用。我家里人多,又都是女孩子,爱美,爱洗,水用得厉害,别人家三四天才拉一次水,我家一天就得拉一次。

上高中时,家里开起了商店,生意还挺好的,我们姐妹几个经常去帮着卖东西。抢"三秋"的时候学校里是要组织学生拾棉花的,一个学生每天拾20公斤,我只能勉强完成,班里会拾的同学都可以拾五六十公斤。

一直跟着任劳任怨的姥姥长大,我这个老大比妹妹们成长的速度要快很多。

二、不负青春　难忘师生

1.敢向老师提意见

记得上学时,老师们特别负责,现在回想起来,感觉他们虽然知道的知识并不多,但会毫无保留地教给我们。每周到了开班会时,老师还会主动要求同学们给他提意见,大家会很实在地说老师哪里没有做好,有时有些地方说得重了,老师态度也很好,从不生气。也有些老师听了学生的意见后,就不敢管学生了。

那个时候的老师都喜欢问问题、提意见的孩子,恨不得学生天天问他。相比较来看,现在的老师功利性太重了,课堂上讲的内容也会有所保留,还有的老师喜欢开小灶,希望学生去补课。

老师们有的是上海、武汉来的支青,有的是被打倒的"臭老九",文化程度普遍高。我的初中语文老师就是现在著名的作家韩天航,他就是从上海来的支青,他的作品《戈壁母亲》被翻拍成电视连续剧,还在央视一套播出了。记得他曾给我们教过两年的语文课,讲课时用上海普通话,听起来很流畅。

2.补习老师

我的学习成绩一直中等,不上不下,幸运的是初中时遇到了一个教政治的苏老师,他是老牌的高中生,虽然教政治,但语文、数学、英语的课程,苏老师都能给我们辅导。我从初一下半学期开始一直到高二都在他家学习,四年多基本上天天都去,如果没有他,我想我也考不上高中。刚开始辅导时只有我和他儿子两个人,后来一位姓刘的发小也加入了学习小组,慢慢地又有其他同学加入进来,最多的时候有六七名同学常年在他家学习。每天晚上吃过饭后,我们就背着书包到他家做作业,遇到不会的题目他就给我们辅导。我家七个孩子,住的地方小,连一起写作业的地方都没有,在苏老师家补习功课也可以给妹妹们腾出桌子。那个时候父母和老师都很熟悉,关系也好,也愿意让我去。现在想想,这位苏老师对我的影响是一生的,他不止教会了我学习,更影响了我今后工作和生活。

3.成人高考

1982年考大学还是比较难的,高考前先要预考,班里60多位同学,最后只有7位同学有资格参加高考。我没有预考上,高中毕业后就在一二六团当了一名老师。

那个时候高中毕业生找工作还是比较容易的,班里前20多名的同学培训一下就去教小学了。包班当班主任,语文和数学一起教。刚开始上课的时候我还很紧张的,上课多了后就习惯了。

学校里的支青老师都很认真。各连队、学校的老师还要互相听课,大家思想都很单纯,互相提意见,也都虚心接受,觉得别人提意见就是对的。听课教师提的意见也都能提到点子上,确实有助于大家教学的提高,不像现在的风气,提工作意见就是要得罪人了。

当班主任,班里同学考试成绩出来后要排名,班级成绩排到最后很丢脸,所以大家都积极向上,不甘落后。我在一二六团教了四年半,经常作业改不完带回家改,绝对不可能像现在的老师让学生互相改作业。改作文是最麻烦的,哪段不好,应该怎么写,评语里一定要写得清清楚楚,包括中间的

20世纪80年代的一二六团

故事情节,叙述的文字都要仔细地改好,所以改一篇作文需要很长时间,一次作文课我都要改一个星期。

教了几年书后我考上了全国第一届成人高考大专班,带薪在奎屯市农七师教师进修学校上了两年大专,一个月有66块钱,每天还有4毛钱的生活补贴。1987年毕业后班里同学又回到各自学校,看着高中同学前前后后都考上了大学,我在奎屯上了两年学再回去,眼界已经开阔,就不想再在一二六团待了,便萌生了出去走走的念头。

那时城市里的人非常瞧不起我们团场来的人。举个很明显的例子,我们属于七师一二六团,当时奎屯市的人很有优越感,他们城里人的意识非常强,我们从农场、团场去奎屯市买东西时就会被瞧不起,常被说你们农场人怎么怎么的。当时户口也是有差别的,我在被调到内地去之前,要先到奎屯来换手续,才能调到内地。如果团场的孩子要来奎屯上学,要先掏3000块钱换成奎屯市户口,转成农转非,再掏1000块才能落户上学。那个时候奎屯市是计划经济,吃大锅饭,工作也都是国家统一分配的,他们有固定工作和固定工资,整体生活环境也比团场好,所以他们自然而然当我们是农村人。

三、口里工作,心系团场

1.连云港,新生活

1985年,我第一次去口里,看到口里确实比奎屯还好,当时有人给我介绍了个江苏的对象,我也见识了外面的环境。

连云港是14个沿海开放城市之一,倚山傍海,气候宜人,比较有前途。正好对象家里有人在港务局工作,工资和新疆差不多,但福利待遇非常好,与我之前的生活和工作环境着实大不一样。

记得很清楚,那是1989年2月份大年初三,我正式从一二六团调到了连云港工作,刚去的时候因为听不懂当地的语言,就先学习了语言。因为我当老师就认真,上过大专,受过正规的教育培训,备课和稿件都很规范,在连云港代课没多久,领导便认为我的能力不错,让我管理教育了。我学的是小教专业,港务局这边有自己的幼儿园,赶上连云港发展的契机,十分需要有文凭的人,所以就比较容易被调去了幼儿园,管理幼儿教育,幼儿教育讲的是玩中学,学中玩,还要注重动手能力,所以我们在教育过程中要让孩子们先玩好,再学好。

走时我在新疆的工资是112块2毛,调到连云港后是112块8毛,但有奖金福利,还有季度奖和其他奖,这都是之前工作的时候没有的。我所在的机关幼儿园职工看病不要钱,过年、过节家里需要的东西单位都能提供,完全不用再多买。单位还有福利房,房子里还有暖气,各个方面都比一二六团的待遇好,所以我的生活质量一下子提高了很多。

2. 漫漫回家路

1991年10月,我第一次从连云港回一二六团,正好产假休了半年,我就带着孩子跟妈妈住了4个月。记得当时坐的还是绿皮火车,托人买了卧铺票,走了几天几夜。先从连云港到徐州,再从徐州转火车,或者从郑州转,单趟至少也要四五天时间才能到乌鲁木齐,到乌鲁木齐后赶一天一趟的班车直达一二六团,赶不上直达班车的时候就只能先坐班车到奎屯市,再转车到一二六团。第一次带着几个月大的孩子回家经历了一路的坎坷,深深感到一二六团发展太慢,十分破旧、闭塞。

第二次回新疆兵团是1993年的夏天,妈妈特别想我女儿,我就带她回来看看家里人。那时我专门存了些探亲假,好在团场住一段时间。回到团场最深的感触是团场人还是那么淳朴、简单、热情。见到以前的同事,他们还和以前一样生活得比较艰苦,物质贫乏,到了冬天连新鲜辣子也吃不上,那些从口里运来卖的芹菜和辣子都冻坏了,还贵得要死,大米也很少能买到,整体的生活条件和连云港比相差太多。

在连云港的工作单位有个公共澡堂,每逢周二、周五都是免费开放,但那个时候一二六团连公共澡堂都没有,只能烧点水自己擦擦。连云港单位的通勤车已经非常普遍,上下班都是单位车接车送,坐车坐多了,我的晕车症都慢慢好了,一二六团仍然只有几辆破旧的班车。

3. 不断变化的团场

这些年，多回来几次后就感到团场和城市没有多少区别了，团场的环境也改变了。改革开放带来了市场经济，奎屯市人的优越感也没有了，现在奎屯市区的经济繁荣发展就是靠团场人撑起来的，商品房也都靠团场人来买，团场人基本上在奎屯市里都买了自己的房子，有的还给孩子买了房子。另一方面，奎屯人和以前也大不一样了，奎屯市的许多工厂陆陆续续地倒闭，很多人中年时下岗失业，人到中年还要自谋生路是一件很艰难的事，他们作为城市人的优越感渐渐没有了，有的人生活得比团场人更艰难、更艰苦。现在团场的人相比较而言更稳定、更轻松。

2000年前，我每次从老家回来都住在一二六团，也感觉不出来有多大变化。我们家里的亲戚都没有人在奎屯买房子，主要是那个时候没有商品房，也不流行买房子。2000年后，妹妹们搬来奎屯市住，就能明显感觉不一样了。现在看奎屯市的房子小区都老旧了，小区和路面配套也跟不上，但总的来说奎屯市的市区规划和建设比七师这边的还是要规范、合理些。

2000年，我第三次回团场和同学聚会，坐飞机到乌鲁木齐，又从乌鲁木齐坐火车到奎屯，在宾馆待了几天，回一二六团待了一晚又回奎屯、乌鲁木齐和同学聚会。那个时候一二六团楼房慢慢多了起来，小时候的环境没有了，回忆也淡了。明显地树也少了，那些参天大树，白杨树、沙枣树都被砍没了。虽然能看到团场在发展，但感觉生态环境没有小时候好了。

1994年底父母都去了连云港，一二六团只有两个妹妹在。2002年我跑回来看一下她们，妹妹们的生活越来越好，我只待了两天。那个时候我自己条件也不好，来回路费不少，买票倒车也很不方便，所以隔几年才回来一次，一次待上十几天，和家人朋友聚一聚罢了，要是长时间住就觉得不太适应。这里的冬天外面太冷，但其实气候是次要的，主要是生活习惯已经大不一样，时差、饮食、生活节奏都打乱了。这边的同学们还是喜欢吃大鱼大肉，在内地我已经习惯吃得清淡些了。

2017年，母亲回团场长住，我陪她住了两个月。这时一二六已经城市化了，很多人有房有车，生活十分便利了。

2008年，张艳玲七姐妹

4. 团场才是我们的根

早些年回来的时候对一二六团没有感觉，主要是来走个亲戚，看看妹妹们。20多岁时就脱离团场，那时想着终于走了，所以也没有什么感受。渐渐的，旧同事们有的被调到了乌鲁木齐，有的去了奎屯或是一二三团中学。高中同学聚会时就聊聊过去，聊聊家事，有些同学发展得还不错，大部分还是留在了新疆工作，过得都挺好的。我们那一届高中生都是比较优秀的学生，全团十几个初中班，只收两个高中班，所以后来的工作都还不错，一批当了教师，一批复读后来大都考出去了，只有几个在家包地的同学，现在也起家了。留在团机关的同学好多都当了领导，成为团场的骨干，发展最好的做过第八师石河子市某局的局长，现在退休了，我们这一届做到处级领导的差不多都已经退居二线。

30来岁时，我们还没有服务家乡的意识，也没有意识到能为家乡做什么。现在我们这帮老同学们都50多岁了，更怀念儿时的生活，聚会时就会聊聊家乡的变化，年纪一天天大了就开始留恋过去的时光，走遍万水千山，还是要回到家乡看看，大家都明白，我们的根还是在团场。

访谈员后记：

作为6个妹妹的大姐，毫无怨言照顾她们的生活和学习，主动分担家里的重担。去连云港工作和生活了几十年，更加笃定兵团永远是她的根。

为了生活,一路奔波

口述人:第九师一六四团　张女士

　　为了生活,夫妻俩四处奔波,共同度过艰难的日子;为了家人,为了子女,她总是要积极、乐观地往前走。

一、儿时辗转

1960年,我出生在奎屯,同年,全家从奎屯搬到了塔城一六四团。

我家过的一直都是普通老百姓的生活。有记忆的时候就住在现十五连边界的平房里,一排住十几户,一家一间平房,中间用火墙隔开,里面是睡觉的木板床,外面是做饭的灶。当时家里很穷,一家老少都睡在一张床上。

家里有五个孩子,我是老二,上面有一个哥哥,下面有三个妹妹。1967年我们家搬到水管站,改住地窝子。搬家时我们从最西面搬到东面,当时父母赶着牛车,上面拉着几个孩子和几床被子、一个箱子,没有一件值钱的家当。

那时的地窝子并列一排,一个挨一个,一个一户。地窝子门前有一个长长的走廊,窗户在房顶上,从里面一下子就能看到天,上面没有东西遮挡,一下雨要赶快找塑料布把上面盖起来。我现在地窝子里大概住了三四年,其实地窝子并没有现在人想象的冬暖夏凉,冬天地窝子的墙壁上都是白霜,也很冷。

我当时很小,每天都无忧无虑。我们家女孩较多,吃得比较少,口粮没有那么紧张,我同学家中男孩多的有时面都不够吃,吃不饱。我们的食物以苞谷面和白面为主,也有些菜,只有逢年过节才能吃上肉。地窝子里没有电,平常照明用的都是马灯或煤油灯。

后来团里开始盖房子,我们从地下搬到了地上,大家都不再住地窝子,住进了用石头拱起来的窑洞了。哥哥比我大七八岁,我能干活的时候他已经出去干活挣钱了。我是大姐,天天照顾三个妹妹。那时候晚上是有狼的,所以天黑时出去解手都很害怕。我胆子小,尽量不出去。我的大妹妹胆子很大,有一次我们蹲下解手的时候她突然吓我们说:"快跑,狼!"我们赶紧提着裤子就跑回去了。三年级时我们常到同学家写作业,来回的路上也都害怕有狼。还好我自己一直没有遇见过狼。

我从小身体不好,太阳下晒久了就会晕倒。我特别害怕地里的蛇、老鼠,所以很少出家门。八九岁开始我就包揽家里的家务活,每次母亲带着妹妹们去打草、捡麦子时,我就在家里做家务。哥哥去值班连上班,他13岁没上完中学时就在连里的宣传队里跳舞唱歌,两年后宣传队解散让他回去上学,他已经不想读书了,十五六岁就去上班。我的父亲是包地的职工,最开始在连队里种地,调到水管站之后才开始管水,妈妈也是职工。

二、平淡的学生时代

我最开始在一六四团砖厂学校上学,1974年到团部上中学。团部离家有10多公里路程,我们只能住校,家里的活就分担给了妹妹们。中学三年我都在学校宣传队,假期要演节目,很少回家,有几次过年也没回去。上中学时周末只休息一天半,周六我在学校吃完饭后就和同学们走路回家,把家里要洗的被褥全都拆下来泡一大盆,然后用搓板搓洗,因为妹妹们小,重的活干不了。

在我的印象里,学校生活是很平淡的。每个年级只有五六个学生,一、二、三年级一个教室,四、五、六年级一个教室,孩子们都在一起上课,教室里也很拥挤。学校是普通平房,有木制的小窗户,桌子是土块垒的桩上面放块木板,学生都自己带小凳坐。那时我们有两个上海支青当老师,这么多年了他们可能早已经离开了新疆。有的老师也打人,有的同学不听话就用戒尺打手,我学习还可以,属于比较乖的学生,所以没有被打过。

那时有一个男老师令我印象深刻,他是上海支青,在我还没上中学的时候就去了鄯善。他是很年轻的一个小伙子,待人很亲切,他们住的地方离我家窑洞不远,只隔着三四家的样子,他对我们很关心,有时候我母亲也会叫他来吃饭。那时人们之间都很热情,每天晚上吃饭时都会端着碗在外面找阴凉的地方边吃边聊天。

三、夫妻异地,四处谋生

1977年我中学毕业,本来考上了高中,因为家里经济紧张就放弃了,没有再读。我被分配到了一六四团水库工作,1980年我结婚后才离开了水库。那时在水库里上班就是干苦力,但都是年轻人,每天一起劳动,一起生活,好像也不觉得苦和累。水库上班住的是大地窝子,大概有10多米长。一个地窝子就是一个班,住12个人,地窝子从中间分两半,一边睡6个人,地窝子里靠西和靠北的墙上全是白霜,睡觉的时候都是自己拿苇草之类的东西垫着。那时我们水库青年班加上指挥部一共是四个队,分成了好几个单位,都是一帮十几岁的年轻人由各单位的指导员带着干活。

上初中时,偶尔听到有人谈恋爱了,那也都是年长的,1957—1958年出生的学生之间的事情。后来我到了宣传队见到高中的男生,我也没有谈恋爱的想法。在我的家里,母亲比父亲大两岁,两个人经常吵架,母亲常对我说不能找"小女婿",这种想法在我的脑海中深深烙印。工作后我慢慢接触了比我大的人,在单位宣传队里认识了我现在的丈夫。我唱歌,他拉二胡,慢慢地就走到了一起。

丈夫比我大9岁,是石河子人。那时石河子来了挺多人,据说是来支边的。1980年我们结婚了,当时有人劝我和他回石河子生活。我一听说他们家姊妹6人,想到大家庭肯定矛盾比较多,石河子又是种棉花的,比较辛苦,所以我们就留在了九师。

从水库调离之后,我去了十一连种大田,由班长、排长领着我们干活。大概离水库十几公里远,那时一个排分成几个班,我分到了种菜的班,看管菜地、浇水、种菜,这都是当时的好工作。

1992年,我们的两个女儿要上学,为了离学校近一些,我们全家搬到了团部。丈夫在一六四团运输连工作,我就去一六四团种地,当时行情不好,几乎每年都在亏本。我调至团部之后因为没有了地,就去了运输连做大门警卫,每个月有300元工资。1997年运输连撤销了,我们俩都失去了工作,什么都没有了,只好各自打工谋生。他到处给别人开车,我就在各个单位的食堂打工。2000年,我自己在一六四团开了一个小餐馆,做一些炒面、拌面、饺子之类的家常饭,因为利润很低,所以没有挣到多少钱。

2004年,我的朋友介绍我去销售安利,卖5000元挣450元,我觉得这份工作比在饭馆轻松,就跟着她去跑业务。后来看到为了经济上的一些事情,同行之间经常互斗,觉得没意思,就不干了。2005年下半年,经人介绍,我又去了食堂,那时大女儿已经在医院工作,小女儿在伊犁州教育学院上学,经济负担轻了很多。2006年,小叔子在石河子的一个团场开了一个幼儿园,让我帮忙做助理。2006到2007年,我就在那里打工,每个月500元。这期间,丈夫在奎屯给别人开车,奎屯离石河子比较近,我们隔段时间就可以见一面。2007年终于攒够了一点钱,我回来补交了一万多的养老保险。2008年,我们开了一家凉皮店,挣的钱又给丈夫补了两万多养老保险,这样我们两个退休后总算是有保障了。

2000年时,朋友推荐我们买保险,当时身上没有多少钱,急用的时候更没有钱。买个保障也是对的,所以在一片反对声中我给我和丈夫一人买了一份泰康人寿保险。我很害怕老了没有钱,害怕有病的时候没钱治病。后来我又买了几份保险,给老年生活一个保障。

退休之后的这两年我在做黑茶,经常喝茶有利于健康,能挣钱还能把这份健康传递给自己身边的人挺好的。

现在回头看看过去,从2000年到2007年,我和丈夫为了谋生两地分居的这几年,我痛苦过,也十分心烦过。记得大女儿上护校时,有的同学每月生活费300元都不够用,大女儿每月只有200元生活费,我觉得十分亏欠她。小女儿毕业后和同学一起在库尔勒打了一年工,后来我听说考特岗教师待遇不错,就让小女儿回来考,考上后她被分派到和丰当教师,2013年在额敏结了婚。

四、踏实的生活

母亲一辈子都是老实人,从不喜欢和别人生气,父亲脾气怪,小时候经常打我和妹妹。母亲一辈子没有过上什么好日子,我们这一代女性和母亲那一代人相比,最大的特点就是更加自由,在我印象里她们都被孩子拴住了,一辈子就是工作和孩子,没有一点自己的生活。母亲40多岁因为生孩子住了两次院,两次孩子都没有保住,她的精神状态一直很不好。我已经懂事了,很为她难过,但是不知道该如何去安慰她。现在想来,当时母亲的身体不好,医疗技术也差,年龄又大了,估计按照现在的医疗水平要保住这两个孩子都很困难。

小时候看到父母经常吵架,闹着要离婚,我觉得很可怕,心情很烦躁,上中学不想回家也是不想听到他们吵。我觉得我们这代人都一样,谈恋爱十年也不可能了解对方的生活环境,结婚一年一切就清清楚楚了。

我们这一代女性和小辈们比又不一样,最大的不同就是大公无私、无私奉献、任劳任怨。女儿她们这一代人已经学会了自私,毕竟大环境不如以前了,人的思想也不一样了,好像也敢作敢为了。90年代那会儿,离婚的人开始多了,大约都是四五十岁的人。我认识女儿的一位同学父母,一儿一女,在我看来是最圆满的家庭,却也离婚了。那个时候我不能理解他们,现在也逐渐能理解了,但我觉得我不会这么做,人生没有什么过不去的坎儿。我快60岁了,人生很平淡,从来没有过哪天开心到疯狂,也没有哪天低落到活不下去,人生已经很透彻了。现在生活条件好了,有时候和朋友一起出去玩的时候,有人说今天开心,要一醉方休,我就很纠结地想,今天怎么开心了就要醉呢,或许这只是那么一说吧,我太当真了,所以女儿常说我过得没意思,可能是我骨子里就不浪漫。

　　我在家里的地位还是很高的,在工作的过程中也没有遇到过歧视女性的现象。作为一个兵团人,我很认同自己的兵团身份,出门在外也说自己是兵团人。

访谈员后记:

> 　　夫妻俩为了生活半生奔波,但她在讲述过程中一直发自内心地微笑着。和丈夫一起打拼的日子里,曾经一无所有,特别害怕没钱,经历了生活的艰辛,她依然微笑着,仿佛那些艰苦的过去在记忆里闪闪发光。

她和父亲、母亲们

口述人：第七师一二六团　王俊梅

　　她身世有点复杂，有生母、养母，还有生父、养父和继父。她的世界里充满了对父母的孝顺，对亲情与常人有不同的理解和付出。

一、复杂的身世

我是标准的兵二代,1962年12月出生于第七师一二五团,排行老三。出生后亲生父母把我过继给了一二六团的养父母,从那时起这一辈子我都没有离开过一二六团。

我的生父和养父是战友,关系很好。养父40多岁了还没有孩子,父母就将我过继给了他们。养父在我一岁八个月时因为肝炎去世了,我对他完全没有什么印象。养母一直退职在家没有工资,后来经人介绍改嫁给了继父。亲生母亲怕继父对我不好,有几次想把我带回家。为了不让母亲担心,养母和继父专门赶着牛车带我回了一趟一二五团看看,生母见到继父对我也很好就放心了。继父是老职工,大半辈子都在种菜,实在干不动了才被调到一车间管理棉壳,直到退休。

人的命运可能真的是天注定的,我被三个父亲养大,三个父亲全姓王,我一直不需要改姓,这不仅是一种巧合,更是一种缘分。

二、不断调动工作

我在初中时经历了"文化大革命",学校一直有一批认真教学的老师,有组织地让我们一起学习,"文化大革命"结束后我考上了高中。

1980年,高中毕业后我积极响应号召参加了水库的建设。当时我们一批年龄相差不大的年轻人在一二六团驻古尔图水利工程队上班,我在青年排一班当副班长和记工员。那时的工作环境十分艰苦,冬天寒风刺骨的时候依然要拿着十字镐在冻硬的土地上挖渠道,元旦也不休息。班里所有人的手都被冻得一道道裂口。

1981年,团里招收一批会统班学员,我积极备考并被录取。1982年我被调到了团财务科当出纳,多次被评为"三八红旗手"和"先进工作者"。1986年我参加了成人高考,被兵团财校电大班录取,1988年毕业后继续回到财务科做结算工作,全团大大小小的有几十个单位要结算,特别琐碎。

2001年,团里把我调到审计科当副科长,2007年团机关改革,我又到了纪委办当副主任。从1982年到2017年,我一共工作了35年。在不同的岗位上,获得多个先进奖,优秀工作者奖。"干一行,学一行,干好一行"一直是我的人生信条。

三、血浓于水,亲情永远

1. 亲生父母的遗憾

在家里根本就没有感觉到自己是个养女,只是会奇怪为什么父母比其他同学父母的年纪大很多。

他们告诉我一二五团有"干爸"和"干妈",他们偶尔会来看看我,我觉得很新鲜,"干妈"一来我家,我就跑出去给小朋友们说,我"干妈"来了。

1980年高中毕业后,我和养母一起到一二五团"干爸"家,看到自己和他家的孩子长得很像,心里也大概明白了一些。每次回去,亲生父母都觉得欠了我的,尽量弥补一些。我没在生父生母身边待过多少日子,生父七十大寿后得病了,姐姐打来电话,我就去生父病床前伺候了9天,这是父亲在世时我和他相处时间最长的一次。那时生父已经无法说话了,听生母说,入院时生父让她给我买了一套200元的衣服,在他的心中感觉永远亏欠我的,说我都没有穿过他们买的衣服。看着生父,我的眼泪只能往肚子里咽,临走时他右手拉着我死活不松开,怕我离开后就再也见不到了,最后是生母和姐姐硬掰开的,我们全家都哭了,那是我第一次知道什么是生死离别。父亲好像有很多话要对我说,可他已经说不出来了,那是我一生的遗憾。

生父的离开对我打击挺大的,感觉人的一生很短暂,父母在世时应该多陪陪他们、多多尽孝道,不要在他们离开时留有遗憾。生母告诉我要孝敬继父和养母、公公婆婆,不用也没有义务去照顾他们。

2016年8月生母第二次脑梗住院,我一直不知道,10月份我做了一个不好的梦,第二天就打电话回去问问,才知道生母脑梗了,生母认为她把我送给了别人,没有义务赡养她,就不让姐姐、弟弟给我打电话,怕麻烦我。

2. 继父、养母,永远的爱

养母和继父把一生的精力都放在了我这一个孩子的身上。养父也曾十分爱护我,他生肝病住院时怕传染给我,只让养母抱着我站在门口让他看看就行了。

继父为人老实,对人真诚,拿我当是自己的孩子一样。我们生活条件一直不好,但我的童年是幸福、快乐的,根本感觉不到自己是抱来的孩子。继父没文化,一直教育我做人要诚实,要按时上班,不能迟到。养母更是老实、本分,从来没有什么过多的要求,满足了基本生活需求就很开心了。为了照顾我,1962年养母就退职在家,旁人总说她把我"含在嘴里怕化了,捧在手里怕掉了",对我又娇又惯。别人家的小孩子小学时就开始干各种家务,我上中学时才开始挑水、做饭。那时父母年纪大了,身体也不好了,继父还养了两头猪来补贴家用。

2004年,继父患老年痴呆,生活不能自理,我就像亲生女儿一样伺候了他整整一年。2005年继父去世后,养母又患上老年痴呆症,行为异常,生活不能自理,我每天下班回家后,就要去清理老人的大小便,清洗她弄脏的衣裤,清洗干净身体。

刚开始我不适应,根本吃不下饭,也不能好好睡觉,养母时常会半夜起床,把衣裤穿得整整齐齐,喊着要出门。每当这时,我和丈夫就会耐心地哄老人,让她重新睡下,待她安稳睡下后才能休息。有时,老人大小便不但把衣裤全部弄脏,床上、地下也都是,我和丈夫一起耐心清理。养母的痴呆越来越严重,后来已经完全不认识我这个女儿了,经常在我身后妈妈、大姐地乱喊。我的内心一下子接受不了,常常心酸得掉眼泪,时间久了,渐渐适应了,学着把养母当作一个不谙世事的孩子,每天都要哄她,让她高高兴兴的。

照顾这样一个老人,比照顾一个初生的婴儿困难得多,帮助养母清洗,搬上搬下的累极了,有时也会感到委屈、窝火,常常是眼泪止不住地往下流,没办法,发完脾气,擦干泪水还得继续笑着为她打理生活。我一直记着生父离开我的那种感受,不想对不起自己的养母。

有人劝我将她送去养老院,花钱省麻烦。我舍不得,这其实与金钱无关,养母把我辛苦地抚养到这么大,给我幸福的生活,无论如何我也要尽心照顾好她,不论她是生母、还是养母,是健康还是疾病,我都不会抛弃她。为了继父和养母,我两次放弃了调往外地享受优厚待遇的机会,一心一意地照顾他们。养母生病时一直都清清爽爽的,没有任何异味。

我内心里对继父一直有一个承诺,就是在继父离开后,我悄悄写了一封信,一直收藏着。

爸爸:

您没有怪女儿吧,不是女儿不孝,确实是心有余而力不足。您把自己一生的爱毫无保留地给予了我,而在您生命最后时刻,我却不在您身边。爸爸,我心里也特别难受,时常因想起您而流泪。没有来得及给您送终让我后悔一辈子,爸爸您理解我吗?我也很难,我也很累,可我又没有地方去说,我能说给谁听呢?您和妈妈养育了我,把爱都给了我,不就是为了防老吗?爸爸,虽然您是继父,但我们生活在一起40多年,和亲生的有何区别呢?在我的心目中,爸爸和妈妈是最伟大的,您二老把一生的爱给予了我,我也会去报答的。虽然说您已离我而去,但我会好好侍候妈妈,使她老人家好好地度过晚年,爸爸,您相信我吗?

爸爸,您安息吧,我爱你们。

四、婆媳友善,家庭幸福

1983年,我与丈夫结婚,我们两夫妻一直恩爱,互相提携,一双女儿也乖巧聪明,如今都已在外地有了理想的事业,组建了美满的家庭。我们一家人之间都是互相关心,一有空就会一大家子人坐下来聊天、看电视、陪老人,给老人洗漱,儿孙对老人也十分尊敬孝顺,邻里间口碑都很好。

丈夫家是一个大家族,公公、婆婆、哥哥、嫂子、侄儿、侄女对我很好,我从小没有兄弟姐妹,公公、婆婆没有女儿,对我就像自己的女儿一样,哥哥、嫂子对我像妹妹一样,侄儿、侄女对我都很尊重,我们叔伯五家人团结得就像一家人。老老少少、大大小小几十口人,虽然思想、爱好、脾气、性格等都不相同,但是尊老爱幼、夫妻和睦。

我们夫妻长年如一日地照顾养母,在大家庭中赢得了尊重,一对儿女也对老人很孝顺,从没因老人大小便失禁弄脏衣物、房间嫌弃过老人,还帮着我们耐心地照顾外婆。工作、成家后,逢年过节他们都要回来看望老人,给老人买衣服、鞋子,陪老人聊天,给老人按摩。那时养母老年痴呆已经不认识人,但看到眼前这些围着她的亲人,每次都十分开心。

访谈员后记:

> 她有一颗知恩图报的金子般的心,对养父母的孝顺,在点点滴滴之间,在生活的琐碎与苦难之间,她以极大热情和行动完成了她的心愿。

生活就是那么回事

口述人:第八师石河子市　林女士

　　一直生活在兵团,一直与兵团人交往,没有对比,甚至忽略了自己兵团人的身份。从小到大,性格大大咧咧,生活的遭遇对她来说都不过那么回事。

一、方圆五公里

1. 汽二团

1965年我出生在农八师汽二团,土生土长的兵团人。汽二团就在五中、五小附近。小时候我们在现在的公安局院子里住,后来才搬到金马市场旁边。几十年来,我就一直在这里住着。

当时公安局院子里是平房,属于汽二团地盘,汽二团的团部在车管所对面,后来汽二团倒闭了,我们就搬走了。

2. 家属院

我小时候的生活环境还是可以的,没有住过地窝子,住的都是平房。当时我们家有三间房子,一间院子,那时候家家户户都有自己盖的院子,院子里还可以种菜、养狗、养鸡,和现在的农村小院很像。当时的房子地基上砌一截砖块,上面砌的是土块,这样就不怕下雨把土块泡碎,土块的房子还冬暖夏凉。

3. 父母

我们家条件还算可以,父母都是职工,家里有四个孩子。在汽二团家里有四个孩子属于很正常的,三个孩子在汽二团就算孩子少的,也有孩子更多的家庭。当时父亲在汽二团开车,母亲在商店卖货,所以买东西、吃东西都挺方便的。当时驾驶员和营业员是最吃香的职业,买饼干要票、买糖要票、买肥皂也要票,买什么都要票,不认识人有钱也买不到东西。我父亲在外面开车,也总能买上便宜的东西带回来给我们吃。母亲在商店工作,什么东西也都可以买上。

如果母亲是家属,父亲一个人是职工,只有一份工资的家庭还是挺困难的,孩子穿得也比较差。我穿得还可以,都是自己家做的衣服,有时候也买,那个时候买衣服的特别少,大部分都是自己做。

我有两个妹妹,一个弟弟,我老大,所以从小就要干家务,洗衣服、做饭。不过我们家亲戚多,当时姨姨、舅舅都住我们这里,一些重活都由他们干,做饭也主要是姨姨在做,我只是在旁边帮帮忙,实际上也没有干什么,所以我小时候也没吃过什么苦,过得挺好的。

我们姐妹之间关系挺好,有时会吵架、有分歧,但也是很正常的。我小时候也挨过打,我们家家教比较严,经常外出玩了一趟之后回来就被训一顿。

4. 学校

小学和中学我都在汽二团学校读的,汽二团中学就在老干部退休中心对面,好像现在是29中。我的学习成绩不太好,初中毕业后没考上高中,我们初中有六个班,只有两个班的人考上了高中。当时的老师不是支青,都是本单位的家属、亲戚,和家长都是一个单位的同事,都认识,老师和家长的关系很好。学校里要是有什么事各家各户都会知道。

现在想想,以金马市场为中心,我这几十年基本上就在这方圆五公里内生活。

二、如常的生活

1. 对象

1980年初中毕业,我先在百货公司的商店工作了两年。1982年到了二毛,一直工作到1996年二毛倒闭。

我没有早恋过,结婚对象是别人介绍的,那个介绍人说他介绍的就我们这一对是成了的。那时也提倡自由恋爱,不过我不太清楚身边人咋恋爱的,我不喜欢管别人的事,觉得管好自己的事就行了。

2. 汽二团倒闭

有段时间汽二团很大,是大家公认的好单位,一连到六连,有修理连、副业连、饮料厂、汽二团团部。汽二团没有农耕地,大家的工作不是开车,就是修车。当时汽二团效益还是挺好的,但在2004年还是倒闭了,好多人工龄都被买断了。

我们班只有五位同学考上高中,好像没有考上大学的,上完高中后回来还是要工作,有的分到了汽二团,有的在针织厂。

老公以前是汽二团驾驶员,开油罐车,属于特殊工种,当时汽二团效益还可以,比拿死工资强一点。他经常跑南疆,也会跑伊犁、克拉玛依等地方。现在他在天富上班,还没有退休,没特殊情况的话55岁就要退休了。我们是1999年元月份搬到楼房里的,以前一直住单位的房子,没有买统建房,拆迁了也没有住上拆迁房。

3. 打麻将

我招工时去了二毛,没在汽二团工作。1996年二毛破产后,我也下岗了,当时家里孩子小,就在家里带带孩子做做饭。

我下岗时并不怕,毕竟不是只有我一个人下岗。老公所在的车队2005年倒闭。他下岗后我也没有害怕过,再怕也没用,当时想的是别人能过我也能过。我这个人就这样不爱操心,毕竟就算是天天不吃不喝想那么多也没用。

汽二团的人自小就熟悉,基本上都是发小,大家一起长大,一起玩。我刚下岗时感觉挺好的，每天早上起来给孩子做饭，送去学校后，回来做家务，中午接回来，给她做好午饭，下午孩子上学去之后，我们这帮发小就去打麻将。当时汽二团基本上都是家属在家，男人在外面挣钱，经常不在家，女人就负责把孩子带好，把家管好。该玩就玩，玩的基本上都是一帮熟悉的人。老公也不管我，觉得没什么可管的。

那时候住在金马市场，我们经常打麻将消磨时间，好多人打麻将作为娱乐活动，感觉很正常。有一次我坐在门口打麻将，小叔子开14路公交车路过时正好看见了，他回去就告诉婆婆说："你看嫂子啥都不干，就坐那儿打麻将。"婆婆告诉了老公，想让我去找工作，老公还帮我说话："她不在家，娃娃没人带。"后来老公让我换个地方打麻将，省得让他弟看到了和他妈说。

老公每次都出去十天半月的，如果我出去工作，女儿就得一个人在房子待着，女孩子小肯定不行。后来我也没换地方打麻将，大家都照打不误，婆婆也没因这事再说我了。

以前打麻将，只要别人一叫我就去，现在打得少了，没以前多了，玩麻将的那帮人孩子大了，都去找工作了。而且现在不让打麻将，抓得很严，麻将馆都关了，如果一个女的因为打麻将被公安抓了多丢人。

4. 兄妹的生活

妹妹和我的生活轨迹差不多，都是上完学后回来上班。现在两个妹妹都在乌鲁木齐，她们是结婚去那的，不经常回来，她们觉得石河子现在的变化挺大的。我和弟弟一直在石河子，可能就是因为从没有出去生活过，所以对当前的变化没有什么感觉。不过我也不喜欢乌鲁木齐，除了人多、车多，也没有什么好处。

5. 在上海的女儿

父母不重男轻女，弟弟最小可能有点偏爱他，也不明显。我小时候被父母打的大部分原因都是因为贪玩。我只有一个女儿，我教育孩子还可以，女儿还挺乖的，一放学就回来，只有两次因为她考试没考好，我打过她。女儿在江苏读的大学，去上海工作，在上海结婚，以后她就在上海生活了。

6. 四处旅行

我们这些同学都很爱玩,也许像我们这个年龄段的人都觉得孩子马上要结婚、生子了,之后就要去给他们带孩子,所以趁着有空,该跑的跑,该逛的逛。我和初中同学还有联系,他们大部分都还在石河子,个别有离婚的。我们经常聚会,他们现在过得都还可以,像我们这个年龄的人有好多都退休了,同学聚会就是聊一聊天,吃完喝完就去唱歌,我们这些同学都爱玩。

我下岗之后跑的地方比较多,香港、澳门、北京、上海、苏州、杭州、安徽都跑了一趟。出去玩的感觉还可以,但我从没有过"当年不在石河子,在外面就好了"这样的想法。我在这边生活习惯了,不适应疆外的气候。南方夏天很热,冬天很冷,外面和房子里是一个温度,新疆冬天虽然冷,房子里有暖气很舒服。

7. 退而不休

2009年我到石河子大学做安保工作,师范学院、3号楼、5号楼都待过,现在在大学东区东3楼。2015年我退休了,在家里玩了一年,四处转了转,玩了玩,后来有人辞职不干了我又来了,当时孩子去了上海,感觉两个大人天天在家里待着也没什么意思。

三、当家做主的女性

母亲脾气挺好的,特别能干,很能吃苦,我们这一代女性吃的苦肯定没有她们多,也不如她们任劳任怨,她们一辈子真是完全为了孩子,根本没有自己的生活,也不舍得出去玩。我们这代人还有自己的娱乐,还可以打打麻将,出去转转。

母亲她们那代人男女关系挺平等的,我们这代的女性都比男性厉害些。在婚姻生活里,父亲和母亲也打过架。我们家是谁说得对听谁的,我和老公也吵架,打过架,当然每次都是我先动手,30年来也只打过两三次,不多。

我们班的女同学也挺厉害的,感觉都能在家里做主。就像我,我从来没有这种"他上班,我在家,我要吃他的,喝他的"感觉,我的观点是"我在家里不是什么都不干,我还要带孩子"。我认为他帮不了我,他也不能过多地管我,我把我的活干好,孩子带好,家里收拾好,出去玩会儿也没什么。

访谈员后记:

  从来不会过多地考虑,即使赶上了下岗,对她来说也并不是多大事,她就是这样一个人,生活给了她什么,就去平静地接受。

梦想照亮现实

口述人:第七师一二六团　王红霞

　　小时候每天要做很多家务,假期还要帮母亲种地,从小就立志要离开团场,到城里住上楼房。曾在一二六团开着气派的饭店,实现了买车买房,经历了投资失败,让她不得不重新开始,走进了太平洋保险公司上班。

一、生活的艰辛

1.艰苦的生活环境

团场生活印象最深的就是一下雨到处是泥泞的土路,做也做不完的家务,和一些遥不可及的梦想。

我出生在一二六团,童年的记忆中,一二六团到处都是土土的、灰灰的砖混结构的平房,没有什么漂亮的建筑。一下雨,团场里就到处都是泥,我从家门口一出来就是一段泥泞的小路,往前走一段才能走到石子路上。我从小就爱美,下雨的时候,会先穿上雨鞋走泥巴路,到好路上了再换上干净的布鞋。那时候家里用的都是15瓦的灯泡,昏昏的,还常常停电,停电了就点马灯或是蜡烛。

冬天家家户户都要烧炉子来取暖,条件好一点的职工用的是铁皮火墙,条件差一些的就是用土块垒的土火墙。吃水在团场也是比较难的事。有的连队有辘轳井,如果不盖好井盖就会有小孩掉进去淹死的危险,有的连队连井都没有,夏天吃渠道水,冬天化雪水。我们团的人吃水都是骑着自行车,驮着方桶去扬井驮水。扬井那里有一根管子一直在流水,大家就都带着桶去那里接,我常常接满两桶(用铁皮砸的带盖子的铁桶)水,放在自行车上驮回去。条件差的人家连自行车也没有,只能用扁担双肩挑回去,条件再好一些的人家可以推着板车来拉水,人多时我们就要排着队打水,洗衣服也是到那里接水洗。80年代以后,生活条件好了,几乎每个团部都有了自来水,那口井也被填平了。

爸爸在轧花厂上班,妈妈在四连包地种,他们都很忙,我是老大,从小就要做很多家务。那时候做饭烧的是柴火,家家户户门口都有一个柴火垛子,为了家里可以有更多的柴火烧,夏天我就要去树林里捡柴火、拾棉花秆、捡树枝,有时还得用斧头把树根砍成一节节放到袋子里背回来堆在门口。在我的记忆里,每年暑假和周末我都是在捡柴火,真的挺苦的,可想到能为父母分担经济负担,心里就很高兴。

每天放学回家我还要到苞谷地里拔拉秧子、稗子草,家里喂了猪和鸡,拔了这些草回来切成饲料。小学三年级我就开始做饭、洗衣服。那时候面板比我都高,我只能踩着板凳做。好像一直都在不停地干活,干到我出嫁。后来妈妈调到轧花厂上班,也挺忙的,家里洗衣服、做饭的活儿还是我的。

我的学校也在团场,教室是一排排的土坯房,有一个土操场,周边是一大片蓖麻地,我们学校搞创收的时候还要榨蓖麻油。记得我上小学三年级的时候,教室里才有了像样的课桌。后来上音乐课时还有了手风琴,就是那种特别简易的

王红霞31岁时和儿子合影

脚踏风琴,老师已经很满足了。

2. 自己成长

自己学习,自己成长,童年虽然很苦,但挺快乐的,在苦中也学到了很多东西。

妈妈在生我之后曾经怀过一对双胞胎,因为营养跟不上流了产。妈妈的身体不好,只生了我和妹妹两个孩子,这在当时是孩子非常少的家庭了。

我和妹妹的家庭教育是缺失的。爸爸妈妈从小就都没有了父母,爸爸跟着哥哥长大,妈妈跟着养父母长大,他们的家庭教育也是缺失的。好像那个年代大家都不怎么注重家庭教育,爸爸妈妈认为管好我们的吃穿就行,对我们的教育基本上没有在语言上有所表达。在我犯错的时候爸爸也会打我,他在家里讲的最多的道理就是让我们做一个善良的人。

学校里的老师都挺好的,我的学习成绩还可以,老师从来没有打过我,但打过其他孩子,有时候会用粉笔头弹学生,或者把学生叫过去打。那时大多数家长都认为孩子到学校就应该受老师的管束,打也是为了孩子好,不像现在成了体罚学生。学生也很质朴、单纯,常常一帮人在一起玩游戏,抓羊骨子(羊的前膝盖骨,也叫髀石)、跳皮筋(轮胎内胎剪成一圈一圈的)、踢毽子(谁家杀鸡了就用公鸡的羽毛做毽子)、打沙包等。

3. 失望的现实

我想脱离一二六团种地的环境,我想改变命运。

我一直在一二六团上学上到职高,学校里印象最深刻的事是每年都要去勤工俭学拾棉花。从小学三年级开始,一到秋季学生就要到各个连队去支援"三秋",要拾差不多一个半月的棉花。每天一大早我们就都要带着干馒头,背着绿色的军用水壶,到学校门口集合,然后坐一个多小时的拖拉机(带斗的,没有任何防护网)去拾棉花,一路颠簸,根本没什么安全措施。只有家里条件好的孩子,大人才会给带个菜,带根油条,装个苹果。其他同学中午就在地里吃凉馒头,喝凉水。遇到了好的户主,会给我们烧个菜汤,大多数时候我们就只能喝军用水壶装的凉水。每天拾完棉花要过秤,学生多,户主不可能帮我们每个人来扛袋子,只能靠自己,我们那时还是小学生,个子小,力气也小,背棉花袋子背不动的时候,就想办法拖着、拉着、抬着走到过秤的地方。过完秤后就到了晚上了,拖拉机再把我们送到学校门口,各自回家。那时候真是披星戴月亮,我天天脏得像个土猴子一样。

有一次我们坐拖拉机去地里,和我不同年级的一个小女孩太阳帽被风吹掉了,她就跳下去捡,结果当场就发生了车祸,人一下子就不在了。那时候我既害怕又难过,触动很大,心里想着等我长大了,无论是好好学习还是好好工作,一定要离开这里,再也不要拾棉花了。

一天一天,周而复始,我很厌烦那样的生活。周末学校放假的时候,那些父母在机关工作的,家里没有地的孩子们,就在家里玩,而我妈妈是包地种棉花的,每天都过着早出晚归的生活,周末我就要到地里去打棉尖、除草、拾棉花……在我十几岁的时候,我再也不想过种地的生活了,特别想像其他同学那样周末休息一下。我甚至想过以后有孩子了,不能让他也过这样的生活。

二、接近梦想

1.第一次去奎屯

小学的时候,我去过一次奎屯,那是我第一次跟着别人出远门。我们早上6点坐上班车,中途还要在一个地方吃早饭,差不多中午12点才到,那是我第一次在奎屯看到了大楼。第一次逛红旗商场,记得大楼里人好多啊,商场里的东西也好多啊,收钱的方式是通过票夹子传过去,看到什么都很新奇!

回到一二六感觉又回到了现实。有天在地里干活时我就和妈妈说:"我以后最大的愿望就是到城里住上楼房,我的孩子也能住上楼房。"当时妈妈笑着说我想得美。

2.第一次旅游

读职高时有一个周老师特别好,教学不刻板,比较随意,天马行空,看学生不只看重学习成绩,还注重个人的能力。高二的时候大家想去旅游,他就让全班同学有偿到他家地里干活,干完活后,作为报酬,他开着家里的大卡车带我们去南山玩了一天。我至今还清楚地记得那天我们搬了学校的长条凳，一排排放在大卡车上，我们新奇地坐在上面。

那是我第一次去旅游，从一二六团到了奎屯，又从奎屯到了独山子后山。独山子公园特别漂亮，我们自己带着吃的，玩得特别开心。至今，我还保存着那时拍的一张黑白照片，虽然那时候照相技术差，但特别有感触。因为这个周老师，我第一次旅游，第一次看到这么美的地方。

三、梦想照进现实

1.团场创业

提到创业，一定要先谈谈我的婚姻。

其实在家庭关系中，大多数女性的地位外表是平等的，实际上还是从属关系，男性更强势，我觉得重要原因是因为女性经济不独立。但新疆人都比较民主，总体来说还是比较平等的。我身边的人离婚率挺高的，离婚后，以前的家庭妇女都重新去工作，自己从头开始，打工、创业都挺自强的，即使离婚，也没有那么恐慌。

我的婚姻生活比较简单，和老公是自由恋爱，他家是开餐馆干个体的，那个时候的恋爱没有想那么多物质条件，两个人性格等各方面相互吸引就可以了，我和老公就是那样在一起的。小时候我一直天真地以为结婚后就可以想干什么就干什么，想去奎屯也可以自己去了，其实并不是。

我们18岁谈恋爱，高中毕业后，又谈了6年，24岁结婚并开始创业。我们在一二六团租了单位的一个厂房，开个饭店，饭店里所有的事情都是自己干，自己做厨师、自己做服务员、自己采购。虽然很辛苦，但我觉得比种地强多了。我曾经说过要离开团场，所以那时也想过到奎屯开个店，但感觉对奎屯的环境太陌生，做生意太难了，就一直待在团场，在自己熟悉的环境里，等到条件好一些后我们自己雇了个厨师。

2002年一二六团有了商业街，可以买到好多东西了。我有一个好朋友叫张国庆，就在团场买了一个二手楼，开了自己的化妆品店，去她家时，看到楼里有马桶、暖气、洗衣机，还可以洗澡，环境特别好，生活特别方便，我很羡慕她，羡慕她可以住楼房。等我们也积累了一点资金时，就萌发了自己盖一个好一点的饭店的想法。想到就去做,规划了两年,2004年我们借了点钱就在原来饭店前的地方盖了一栋属于自己的饭店,上下两层,500平方米,上面是旅馆可以住宿,下面是饭店,还有大厅可以办酒席,这在当时的一二六团还属于比较高端的饭店了。

2.奎屯买房

和母亲这一代人相比,我更敢于有梦想。记得有一次,我和好朋友张国庆去奎屯逛街,然后等车回一二六团。我们两个望着一栋栋楼房就感叹什么时候能在奎屯的万家灯火里有一套属于自己的房子,后来我们的梦想都实现了。

2000年以后,一二六团好多人都到奎屯买房子。为了给孩子一个好的学习环境,我和好朋友张国庆也一起到奎屯,贷款买了一个100多平方米的房子。我把孩子带到奎屯来上学,父母帮我带孩子,我继续在团场经营饭店。

我们这代兵团人留在团场的已经不多了,能走的都走的差不多了,好多人过起了双城生活,在团场和奎屯都有房子,夏天忙的时候回一二六团去住,冬天闲的时候就住在奎屯,享受城市带来的方便。现在想想,团场的变

王红霞第一次去独山子

化还挺大的,以前住的是地窝子,现在的一二六团有路灯,有宽宽的马路,有广场,有LED屏,在那样艰苦的环境下把一二六团建成现在小城镇的样子,都凝聚了兵团人自强不息、甘于奉献的精神。

有时我会给孩子讲:"我通过努力把你从团场带到奎屯的环境里,这是妈妈最大的能力了,以后你想去更高的地方,就看你自己的能力了。"其实说到我的孩子,我挺愧疚的,父母对我的童年教育是缺失的,我对孩子从一年级到三年级的教育也是缺失的。那个时候我忙着在团场创业,由父母帮我带孩子,每次打电话给孩子,感觉到他和我都不特别亲,后来觉得挣再多钱也是为了孩子,这样也不是办法,我就和家人商量,孩子上三年级的时候我就把饭店交给了老公和亲戚。近10年里,我一直都是一个陪读母亲的角色,在奎屯照顾孩子。

我对孩子教育最多的是要孝敬老人,每个周末,我都要带着孩子坐将近2个小时的班车回一趟一二六团,看看父母和老公,一家人团聚一下。星期天下午孩子要上英语辅导班,我们再坐车回来,这样的情况一直从孩子三年级持续到了高二。2010年我学了驾照,2011年初买了车,回家就更方便了。但孩子学习越来越紧张,他走不开,我回去的次数也越来越少。幸运的是我和孩子的关系还挺好的,他的性格比较开朗,大部分的心事都会告诉我,就算有些心里话刚开始不告诉我,过一段时间也会告诉我。

四、现实的艰难

1. 经济困境

有段时间老公看人家种地挣到钱了,他也要去种地,刚开始两年还尝到了甜头,挣着些钱。后来这几年,在地里投了好多钱,把我们的积蓄都搭进去了,收成却一直不好,一直都在亏。饭店没有人经营,生意也不好,2016年停业了,整个家庭的经济状况就陷入了恶性循环,2017年已经很困难了,只能维持了基本的生活支出。

2. 二度就业

去年,在朋友的介绍下我选择了出来工作,到太平洋人寿保险公司上班。

现在大环境干什么都不太好干,给别人打工,太忙的工作照顾不了孩子,节假日也请不上假,照顾不了父母;如果投资创业我又没有本钱。通过朋友介绍,我自己去感受了保险业,觉得还挺好的就去做了。现在已经做了几个月了,收获还是挺多的。感触最大的是虽然我离开一二六团九年了,但我签的30单里大部分都是一二六团的朋友、同学和家人。就像我和闺蜜之间,好久不联系了,有事情再联系的时候依然很熟悉,有什么事情打个电话也不陌生,这就是一二六团人的情结,一方水土养一方人。

"兵团人走到哪,都有兵团人的情结。虽然我走出了团场,但我的根还在那里。"所以我的兵团认同感很强,对自己是兵团人也挺骄傲的,我常在朋友圈说:"我骄傲,我是兵二代;我骄傲,我是兵团人。"在我看来,兵团人的品质就是特别质朴,能坚持不怕吃苦,在我二次就业的过程中,这种不怕吃苦的品质给了我很大的信心,才让我有这么大勇气,这个过程真的挺难的。

在保险公司,让我佩服的兵团第二代女性是我的高中同学田国红,她只上了高中,她妈妈曾是兵团劳模。高中毕业在奎屯开过花店,开过装修公司,后来通过朋友介绍做了保险,现在在太平洋保险公司已经做到最高荣誉。我没想到好多年没有见她,再次见到她时,她已经是我的部门经理了,她干练,有执行力,浑身都自带光芒。这也是我们这一代女性和第一代女性的差别,我们更会享受生活,更爱美,更敢闯。

3.二次创业

儿子上高三马上就要考大学了,如果他上学去了,我感觉自己还是要回一二六团去,我的根在那,家在那,我一定会回到生我、养我的兵团故乡,回去二次创业,我对一二六团还是很有情感的。

附:王红霞在保险公司的演讲稿

早上6点多起床洗漱,遛狗,给车加油,提前20分钟去公司做我们部门的礼仪,开完晨会,匆忙去给爸妈买点好吃的东西,就上路了,沿途要帮

戈壁母亲的女儿们——兵团第二代女性口述故事

小美女妈妈带婴儿车,给美女姐姐送面膜,所以不能走高速,好多年没有走过国道了,感觉很亲切,一路把车开得慢慢悠悠80迈的速度,感觉也挺好的,真希望以后的日子能一直这样慢慢的过。赶中午晃到了目的地一二六团,妈妈家永远是那个能包容我一切的港湾,由于过了吃饭的点,到妈妈家他们都休息了,一碗面条,一盘爸妈吃过的剩菜,我吃起来,也是一种美味佳肴。一下午,不管是我去面见客户,还是给客户打电话,我的老妈妈都一直陪伴着我,也一直心疼地说我,为什么要干保险,要一遍遍的给别人说,要遭受别人的拒绝,别人拒绝你,我心里都难受。我的老妈妈是不是很可爱?一边希望我能把自己的事业做好,一边又怕我遭受别人的拒绝心里不好受。都说母爱伟大,即使我自己也是一位母亲了,但在妈妈眼里我还是个孩子。

其实我想给妈妈说,也想给身边的朋友说,正是因为你们的拒绝,给了我一次又一次学习和锻炼自己的机会,也正是妈妈的陪伴,让我会坚持在寿险这条道路上一直走下去。希望就在眼前,黑暗是暂时的,我想看到最美的风景,我会努力的!

访谈员后记:

> 王红霞一直在奔波,创业、就业、顾家。谈到第一次旅游和二次就业时,多次红了眼眶,她就是这样一个外表看起来坚强,内心仍旧柔弱的女子。

离不开一二六的人

口述人：第七师一二六团　张艳春

上学时，采取体罚式教育的老师给她留下了深刻印象。不想离开兵团，不愿意留在连云港工作，瞒着家人偷偷一个人买了火车票逃回了新疆，从此扎根在一二六团。

一、童年生活

小时候吃得最多的是玉米面,穿得最多的是补丁衣服。

那时候生活条件比较艰苦,吃玉米面一直吃到三年级,像鸡蛋这种奢侈的食物只有过清明节、过生日或其他节日的时候才能吃到,也很少吃到肉,所以小时候我最期盼过年或过生日时能够改善生活。

我们家条件算比较好的,孩子多的家庭吃的是黑麸皮面,蒸出来的馒头是发红发黑的那种,还不如玉米面好吃,男孩多的家庭连这个也吃不饱,都是半大小子,特别能吃,粮食又不够吃,就什么便宜吃什么。印象最深的是那时候家里天天煮上一大锅粉条、葫芦瓜或南瓜,再放点盐就当饭吃了,现在像我们这个年龄段的很多人看到粉条、葫芦瓜都不想吃。记得有一个同学家特别穷,他们家有10个孩子,天天吃萝卜,一炖就是一大锅,他现在看到胡萝卜还很恶心。都是因为那时候吃得太多,给吃伤了。

那时候的孩子们一个个都很瘦,从来没见谁家有个胖小孩。一个孩子一个季节只有一件衣服穿,我们还经常穿姐姐们穿小的带补丁的衣服。

二、孩提时代

我们那个年代,孩子之间的关系就用两个字来形容——单纯。

家家孩子都多,最少的也有五六个孩子,多的还有八个、九个、十个孩子的,我家有七个。我们刚开始住的是一排平房,家家户户都挨着,所有的孩子都一起玩。那时候的小孩都会踢沙包、跳绳、踢毽子,生活很简单,人也比较单纯。我们有时候也会生气打架,但一会儿就好了。我们一帮孩子关系都特别好,从不拉帮结伙,不像现在的小孩挺复杂的,大人都搞不懂。

三、家庭教育

家里有爷爷、奶奶、姥姥、姥爷的家庭,小孩就会很幸福,他们会少干很多活儿。

我的父母工作忙,天天都在上班,没有时间管教我们,下班了只是督促我们写作业,所以我们的学习基本是靠自觉。那时候的家长,把孩子交到学

1987年,张艳春和三姐张燕萍

校就允许老师打,如果小孩子不好好学习被老师体罚了,在家里还要接着挨打。

我们七个姐妹在家里一直跟着姥姥,吃喝由姥姥照顾,我们过得还是蛮幸福的。其他家里也一样,有老人照顾的孩子就比较享福,没有老人的家里,孩子没人照顾,就比较可怜,家务活儿都得自己干。

那时候即使家庭条件不好,也没有孩子辍学,有个别同学初中学习太差了,没法毕业,才去参加工作,他们只能在连队里包地、种地。

四、学校生活

我还记得有一个教数学的罗老师,我喜欢她的教育方式,她经常很温柔地鼓励学生。还有一位边老师,一年级的班主任,她的教学方法也比较好,虽然很严厉,但是特别负责任。在学校的时候,如果哪个学生作业没有写好,她就把学生带回她家去写,直到写好、写完为止。正是由于这些温柔的老师的出现,我的学校生活还是比较快乐的。

五、工作变动

1.频繁调整工作岗位

1992年我参加了工作,转眼已经快30年了,这期间我换了好几份工作,但总体来说还是比较平稳。

我大专毕业的时候,找工作已经很难了。我的专业是思政教育,没有什么专业对口的适合我的工作,从湖北读完书回来组织上给我批的第一份工作就是在一二六团贸易公司当营业员,那时候我天天去贸易公司学算账、做业务。我还站过一段时间柜台,每个月的工资是60多块钱,那时候大家工资普遍都低,又不需要攒钱买房,所以足够自己花了。

当了五年营业员后,我被调到了修造厂当政工员,厂里上班时经历的事情比较多,磨历也挺多。很多东西都得自己重新去尝试,所以学了很多东西。在厂里,我学会了如何出各种板报,如何刷写标语、写好看的排笔字。除了自己的业务,作为政工员,我还要到车间去干活,要和师傅学习切割、刷油漆。这份工作工资也不高,200多块钱,那时候干部工资有400多块钱了,普通工人工资才100多块钱。我干了一年后转了干部,工资涨到了400多块钱。

在修造厂干了三年后,我被调到了农业连队,但只干了一个月,因为我从小没有干过农活,对农业完全不了解。后来我又被调到供销公司,干到2017年6月,团里人事调动后,我又去了物业公司当经理,2018年物业公司解散合并后,又到了社区工作。

2.从连云港逃回来

我曾经在内地待过一年时间,当时工作单位还挂在团场。

去内地工作是家里人的意愿,不是我自己的意愿。那时我父母退休回了连云港,也想让我到连云港去工作,但我不适应那里的生活环境,语言上不太通,也不喜欢那里的人,感觉融不进去。在交流过程中,我还是觉得兵团人比较朴实。在连云港闲了一段时间,家里要帮我调工作档案,但我就是想回新疆。我也不跟家人讲,突然有一天就自作主张地背着父母买了张火车票回新疆了,那时通信不发达,家里人吓坏了,到处找我,爸爸还打电话给新疆的亲戚让他们找我。现在想想,当时自己挺任性的,给家人留张纸条也好,害的家人担心得不得了。

直到现在,我依然认为兵团人的人情味比较重。内地人的生活环境虽然好,但是生活压力也大,我从来没有后悔当初自己偷跑回兵团。

六、兵团的家

1.我的"戈壁母亲"

我是一二六团人,就是现在这个以戈壁母亲为主题建设的红色基地一二六团。

在我看来,兵团的最大作用就是屯垦戍边。不管什么时候,兵团和地方还是有区别的。在兵团,你是一名普通职工也是一位民兵,我们既是生产队,又是工作队,还是战斗队,这就是兵团的最大特色。我所在的一二六团主打戈壁母亲文化,核心精神就是"以戈壁母亲红色基地打造一二六团兵团人",包括大学生在内,全部以民兵形式来管理。

2.我的团场

在兵团,女性对于兵团的贡献和男性没有什么区别,男人能干的活女人一样能干。和母亲那一代女性相比,我们这一代女性思想观念完全不一样。我母亲那代人天天上下班、照顾家里、照顾孩子,对于她们来说,干好自己的本职工作就行了。而我们不一样,我们比她们更有志向,想法更多,更开放。比如我母亲,她一辈子只在一个单位,而我在工作环境中就会去想怎样才能在逆境中生存,可以去更适合自己的工作岗位。母亲她们来新疆兵团,要么是批工作,要么是随军家属,我们这一代人不好好学习,除了包地种地,没有第二条出路,所以我们找工作比她们要难,文化程度要求更高,即使遇到工作和专业不对口的情况,还是要不停地继续学习。

我身边有一位典型的二代女性,现在已经退休了,她叫王俊梅。以前是审计科副科长,全国孝老敬老模范,曾经在水利班工作过,搬过大石头、修过大渠、种过大田,赡养了几位老人,现在还住在一二六团。

我和在一二六团一起长大的同学之间的关系也挺好的,认识这么多年了,感情还是比较深。他们大多数人都有车有房,过着小康生活。

兵团女性的地位也比较高的,在家里和男性一样,没有什么性别歧视,但现在招聘工作人员时,性别歧视还是有的,首先还是选男性。

我的兵团意识很强,出门在外一直都认定自己是兵团人,就是一二六团团场人。我想我一辈子都会生活在这里。

访谈员后记:

> 一个老师可以影响一个孩子的一生,至今体罚式教育的老师还在她的记忆里,还好,教育方式已经发生了很大的改变,这是观念的进步,也是时代的进步。

驼铃梦坡的往事

口述人：石河子大学　高山

出生在一个叫驼铃梦坡的地方，那片魂牵梦绕的故土承载了她太多成长的记忆。身为高校教师，她的研究方向重在兵团传播研究，向外界更广泛地传递着兵团的文化与精神。

一、我的故土

1. 土坯房子

1974年,我出生在一五〇团,就是现在石河子那个被叫作"驼铃梦坡"的沙漠旅游景点,很多人可能无法想象那里曾经不过是一片荒野。多年来,我时常回到出生的地方去看看,2015年路过曾住过的老土坯房子时,竟然看到了还有人住在里面,那个房子冬天墙上会结很厚的一层霜,大门常常被冻住,用开水浇一下才能把门烫开的老房子,那一瞬间好像回到了过去。

2. 父母来疆

我的家庭是知识分子和农民结合的典型。父亲是初中生,母亲是地地道道的农民,文盲,母亲比父亲小9岁。父亲是招工来的,出生在山东单县一个地主家庭,初中上完后家里就不许他再上学了,地主家庭出身不好,父亲又不想去种地,当时他哥哥去了南疆工作,父亲就通过招工来到了新疆。

刚来时,他在石河子精神病院当护士,就是现在的绿洲医院,两年后他被下放到了一五〇团。那时候的石河子条件很差很艰苦,父亲有点打退堂鼓,偷跑回了山东一趟,正遇上了山东闹大饥荒,父亲看到老家更穷,村子里一片死寂,连狗叫声都听不到,村里把能吃的东西都被吃光了,树皮也剥光了,自己又跑回了团场当一名职工,冬天拉沙子,也是特别的辛苦。

母亲出身也不好,外公曾因到四川贩卖私盐被判刑,流放到了新疆,刑满释放后就留在了新疆,他就把外婆和没有成家的子女都接了过来,母亲就随家人来到了石河子一五〇团。

1969年,父母经人介绍认识结婚了,那时候他们有一个特别的称呼是盲流。一直到80年代,他们这些自己跑来兵团扎根的内地人被划分进了支边的群体,才不再叫盲流了,父亲觉得腰杆子也挺起来了。

3. 家中老小

我家里有三个孩子,我老小,上有一个姐姐、一个哥哥,因为我最小,所以最受疼爱。

我是哥哥带大的,那个时候孩子多,年纪差不多大的都在一起玩,也没有什么玩具,夏天就天天去沙包里玩沙子、捉壁虎、捡蜗牛壳,小孩子跟着大孩子一起跑来跑去,有时候也会去小渠道,渠道水不深也不急,我也跟着一起下水去玩儿。

小时候,母亲常年自己喝糊糊、吃土豆,把白面都省下来给孩子吃,我又比较挑食,就常吃白面与杂粮对半。当时每家的情况都差不多,人与人之间的关系也比较简单、平等,最大的差距就是孩子数量的多少。

我们住的连队,房子都是一排排整整齐齐的,吃饭的时候就支个桌子在门口吃,孩子们拿着碗到处蹿,就像吃百家饭。我胆子小,看到别人家有好吃的也不敢要,就跑回家告诉父亲,父亲疼我,就拿个碗帮我去要,母亲就说父亲真是个脸皮厚的人,总笑话我连个吃的都不敢要。

4. 做"小偷"

贫穷的日子生活很困难,孩子多的家庭日子更难熬,家家都出现了"小偷",不管大人还是小孩都有过偷东西来吃的经历。

当时菜地都是公家的,不定时地卖菜,连里的职工都会偷公家的菜,也没有办法,不偷家里就没有吃的。有一次我看着母亲去挑水,水井边就是公家的菜地,一会儿她就飞快地挑了两个水桶跑回来了,里面装着两桶西红柿。

连队里有一个储冬菜的菜窖,为了不让里面的菜腐烂,菜窖都留有通风口。有的小孩子胆子大,就用竹竿从这个通风口里去插土豆,偷上半袋子土豆拿回家吃。我们家几个孩子都不行,不敢这么正大光明地偷,天天站在边上羡慕地看着他们。

那个时候大家都穷,风气和现在不一样,感觉像个人情社会,大家知道有的家孩子多吃不饱,只要不是太明目张胆,不当场抓到现行,大家都睁只眼闭只眼就过去了。

我有过两次偷东西的经历。一次是深夜里跟着别的孩子去偷豆角。小时候穿的汗衫都是掖在裤子里的,我们偷了豆角就塞进肚子里,晚上地里黑黑的,蚊子也多,把我叮得不行了,一共没偷上几个,回家我把豆角掏出来放在桌子上连炒一盘子菜都不够,但心里可高兴了,感觉自己胆子也挺大的,可以为家里偷点东西吃了。还有一次是想偷公家地里的西红柿,我一跑进地里的时候,看菜的人就看到我了,吓得我立马蹲起来,想躲进草里。他看着我,我也看着他,一动也不敢动,一个西红柿也没有偷到,看菜的人认识我母亲,后来喊母亲把我领回家了。

二、年少记忆

1.我的小学

我的学校条件一点也不好,冬天要自己捡柴火,老师得早些到教室去给我们生炉子。上课的时候我们要穿厚厚的棉衣、棉裤,外面还要套上一件大棉衣,不然坐在教室里要长冻疮。刚上学时还得自己背个板凳去,连队和团场的师资还是有差距的,我们家从连队刚搬到团场时,有一段时间我跟不上团场的课程。连队的老师和家长都认识,对我们挺好的。团部的教师就很厉害,要体罚学生,家长也支持。

小学时发生过两次对我来说印象特别深的事。一次是有个小孩子坐姿不好,没有背着手,有个女老师上去就在他屁股上踹一脚。还有一次一个小孩子题做了两遍还是做不对,老师就叫他到讲台上去,打他的手,孩子的手都被打肿了,我坐在下面看着都疼。那时的父母对孩子被老师打不怎么在意,打了也就打了,没有现在这么多的纠纷。

2. 第一次进城

1987年上初二的时候,学校辅导员组织学生到石河子人民公园春游,那是我第一次出一五〇团,第一次进城,当天晚上我们住在石河子客运站的西域客庄。

那次春游的印象特别深,第一次进城的我感觉那里的车好多,吵得我一晚上没睡着,事实上当时的石河子也很荒,车根本不多。从团场到石河子的路特别糟糕,全是土路,盐碱地,正好赶上泥土翻浆的季节,我们坐在公交车上来回颠簸。回去时车还陷在了一四八团的路上,辅导员就到处找人帮忙带话回学校,我们大概等了三四个小时,学校才找到一辆拖拉机把我们带了回去。现在回想起来,还能记得当时高兴的心情,感觉自己去过一次石河子就和别人不一样了,对人民公园却一点印象都没有了。

3. 家庭教育

家里都是男主外,女主内,父母对我们是宠溺式教育,想干什么就干什么。小孩子也守规矩,一个影响一个,我从小没挨过打,也没有被骂过。我上一年级时不知道有几节课,以为放学了,背着书包就回家了,老师吓坏了以为丢了一个学生,就跑到家里来找,父亲为了吓吓我,就罚我面壁。

家里只有哥哥挨过打,就一个男孩子,家里一有什么坏事就认为是他干的,他也不善于表达,问他什么也不吭气。

母亲是四川人,特别能干,啥也不需要我们干。我们三个孩子在家里没做过饭,没做过什么家务。上中学时,每年到了5月份,学校里就要抗旱,要去干活,秋天要拾麦子、捡玉米、捡棉花,我们三个孩子都只在学校里才干活。

三、我的高考

1. 一五〇团一中

团部的好多老师都是支青,最好的教师都来自上海,易中天也曾在那当过老师,但我上学的时候他已经走了。当时的团部中学很出名,很多外地的学生都慕名去读书。最后留在团场的上海支青挺多的,而湖北的支青走了很多。那时候上海的支青政策是最好的,上海会给支青聚集的地方提供帮扶政策,60年代初上海市委就赠给农一师一套报纸印刷设备,当时是全疆最好的最早可以印照片的设备。

上中学的时候,很多支青老师都在兵团安了家,生活习惯了,好像回去后也没有什么位置,上海的政策是给他们的一个子女解决户口和工作问题。

其实"文化大革命"期间,兵团对知识分子的保护还是比较大的。有位竺老师在新中国成立前参加了国民党的青少年组织,家庭成分不好,他曾是上海名牌大学的大学生,"文化大革命"时被下放到这里,短期劳动后就到学校里当了语文老师,还成了教学骨干。父亲因为有文化也当了老师,他教学比较好,被竺老师看中后就从连队学校调到了团部一中,一中的师资主要是支青撑起来的,那一时期也是一五〇团一中最辉煌的时候,很多学生都从一中考上了大学。

我上高中的时候,父亲连续几年评了优秀教师,工资待遇也很好,先是团里给我们家分了一个窑洞,后来又分了一个团长级的四合院,就像现在的别墅一样。一五〇团的领导非常重视教育,那里的四合院里基本上都住着一中的教师。

2. 转学五中

我是文科生,学校为了保升学率把优秀的老师大多调到复读班里去了,我们应届班的师资要弱一些。父亲知道情况,高三时托人把我转到石河子市五中,借住在父亲的朋友家。在一五〇团我的学习成绩排名前三,石河子市五中愿意接收。到五中后,我的成绩一下子到了30多名,心理压力特别大。五中比一五〇团中学的学生成绩好太多了,我就像个土狍子一样进了城,每天都是从早到晚的考试,最后半年我都没有回过家。父亲常来看我,每次告诉他考得不好后,他就安慰我没事的。高考那年一五〇团文科应届生一个也没有考上大学,我可能是人品爆发,在石河子五中高考时成绩突飞猛进,成为全班考上大学的十五分之一,考进了新疆大学。

后来才知道因我转学的事，父亲压力也特别大，他那时已经是一五〇团一中的校长了，身为校长却把自己的孩子悄悄地转到了石河子市五中读书，这件事儿谁也不敢说出去，后来我又回到一五〇团，老同学们都不知道我这一年去哪了。

四、永远的哥哥、姐姐

1. 资助我上学

哥哥、姐姐都是在一五〇团师资最强的时候考上的大学，他们学习成绩好，姐姐考上了东北财经大学。我高考后也填报了财经专业，当时这个专业特别热门，我过了分数线，但却没有被录取。父亲四处打听，知道了一个新政策，叫收费生，四年要交6000块钱，其余各项政策和统招的学生一样。当时父亲有点犹豫，哥哥、姐姐相差两岁，读大学时重叠两年，家里的经济压力已经很大了。父亲问我愿不愿意复读，我说死都不愿意。父亲四处借钱把我送进了新疆大学。后来姐姐工作了，在经济上资助我很多，哥哥工作后也负担了我的学费，基本上没让我吃什么苦。

2. 三兄妹的婚姻

姐姐很叛逆，父亲总说她是野丫头，给她说什么都不听，有自己的主意。她毕业的时候，新疆的考生要回新疆，但她找了一个口里的男朋友，两人想去广东闯一闯。姐姐脾气倔，不肯退让，父亲没有办法就托人补钱赔给国家才办到了出疆证。姐夫是大连理工学院的研究生，那时候广东发展很火热，两人都挺有自信地去了广东最穷的地方，工资太低就又跳槽去了美的电器，他们的生活才开始好起来，姐姐做财务，姐夫做技术。姐姐想让哥哥也去广东，哥哥就喜欢新疆，大学毕业后留在了昌吉。而我在1996年大学毕业的时候自己做主到兵团教育学院当了一名老师。

姐姐找姐夫的时候，家里人反对过，但后来发现反对无效，也就不反对了，父母有什么意见只能放在心里。哥哥人太闷了，不爱主动，父母总担心哥哥找不到对象，只要能找到对象家里人就高兴得不行了。25岁的时候我结婚了，属于是比较正常的年纪，父母对我的婚事也并不着急。我只谈了一次恋爱就结了婚,家里人说这就是瞎猫碰到了死耗子,还好碰到了一个老实人。

五、兵团的根

上大学后我就不怎么回一五〇团了。工作之后时常到口里出差,每次回来都能感觉到还是兵团人淳朴,在石河子也不怕遇到什么小偷,感觉比较踏实,很安全。现在城市发展都差不多,也不会觉得石河子贫穷、落后。

兵团的家庭关系是变革性的,第一代兵团的建设者都是年轻人,他们没有传统的规范约束,也不受等级限制,男女关系比较平等,所以才会有女拖拉机手、女售货员。兵团长大的孩子,男孩子和女孩子的地位也是平等的。在男女观念方面,兵团的文化是比较领先的。兵团就是一座年轻的城,第一代兵团女性为了改变生活和命运来到了这里,她们很有主见,胆子也大;第二代兵团女性文化素质高了很多,从兵团出去了很多人才,很多人都上了高中、上了大学,听父亲说最早把地膜技术传到新疆各地的人就是他的一名学生。

我在研究兵团传播的相关问题,非常认同兵团第二代女性的身份,出去旅游也会刻意说明自己是兵团人。尤其是开学术会议的时候,我们需要和其他人交流,表明自己的背景。现在石河子小学的教育,特别是石河子市第二小学,在做军垦书香、军垦小少年等校本课程的开发活动,课外活动主题班会也会提到这个概念。我家女儿很清楚她是兵团第三代,还曾在军垦博物馆当过解说员。

访谈员后记:

与其他兵团第二代女性相比,高山是幸运的。她有幸福的原生家庭,有踏实的婚姻。从事兵团研究让她对兵团有更多更深刻的认识,给她带来了深深的兵团认同感和自豪感。

父母在，不远去

口述人：第八师石河子市　刘女士

　　一直生活在石河子，曾有两次去其他省市工作的机会，都因为父母年纪大了、身体不好放弃了，她说：父母在，不远去。

一、我的家庭

1. 童年

我出生在农八师一四四团,处处是平房,土路。生活环境不太好,住的条件也不好。父亲是教师,母亲是家属,一家四口靠父亲一个人挣钱养活,那个时候教师的工资也不高,家里经济条件不是很好。

六岁之前,我们一年吃不上几次白面,大多都是吃苞谷面,其他孩子多的人家也是这种情况。粮食不够吃,收麦子的时候,妈妈要去收割过的麦地里捡麦子,回来煮麦子给我们吃。那时家家要养猪、鸡和鸭子,我家也养了鸡,鸡蛋很少自己吃,都是卖了钱买别的生活必需品。

我们穿的也不好,基本上都是大的穿了小的穿,一件衣服要穿好久。家里没有地,所以我们的家务不多,都是上小学几年级后才开始干点活,也就是放学后去棉花地里摘棉花挣钱,摘一公斤挣一两毛钱,我摘棉花不行,每次只能挣一两块钱。

2.耿直的父亲

父亲为人老实、耿直,不爱说话也不懂变通。教学挺好,就是性格有点硬。

父亲是地主出生,家庭成分不好,在河南信阳县读书时成绩特别好,是班里的前几名,听说他考上大学也不让去上,一生气就跑到新疆支边,到团场当了老师。那时候团场高中毕业生不多,他算是有文化的人,又好学上进,书教得好,有几次可以去克拉玛依或乌鲁木齐当教师的机会,调令都发来了,就因为他不懂变通、倔强,团里一直卡着不放。就这样调令被卡几次后,父亲更加认定学习是改变命运的机会,不学习是没有出路的,所以对我们在学习方面管得更严。

现在看来父亲是有知识分子的清高、不为任何事折腰的气质,但有时候也有点固执。如果父亲那个时候调走了,我和弟弟的命运就不一定会像现在这样。这些经历也让父亲更加不爱说话,他心中一直怀有没有调走的遗憾,也潜移默化地成了我的遗憾。慢慢我们的日子过好了,父亲的心态也好多了。

3.离不开的父母

大学毕业时,口里工作机会挺多的,我曾经有两次想去内地发展。最后都是因为对家里的牵挂留下来了,直到现在,我都没离开石河子。

刚毕业时家里经济条件差,团场医疗水平有限,父亲身体不好,一直是个老病号,我常常害怕父亲会随时去世,甚至做梦也会梦到父亲去世的场景。当时有一个关系很好的朋友要我去深圳工作,我纠结了一阵子,考虑到父亲的病,还是决定留下来了。还有一个朋友在西安,他也要我一起过去,我当时还想过要么去西安,要么去深圳。后来有个亲戚对我说:"你要是走了,怎么照顾你父母?父母怎么办?"弟弟那个时候还在上学,没有能力照顾父母。听完这样一番话,我就想,万一父亲有什么事,我一辈子心里都不会踏实的,思量了一番后决定留下来。

人生就是有舍才有得,2000年我在市区买了房子,把父母从团场接了过来,现在父亲还健康地活着就是一件很欣慰的事。

4. 男女平等

我的家教很严,小时候挺怕父母的。每天放学我和弟弟必须先把作业做完,然后在家待着,父母不让我们自己出去玩。我特别爱玩,常趁父母不在的时候一个人偷偷地跑出去玩,回来的时就会挨妈妈打,爸爸倒是从来不打人。

父母对子女态度都一样,没有什么区别,没有重男轻女的现象,我好像也没有看到重男轻女的事。

结婚后,夫妻之间的关系也挺平等的,而且我在家里的地位好像还高些,高于孩子他爸。我们单位也没有什么性别歧视的现象,女领导还挺多的。

二、我的学校

1. 难忘的老师

小时候,对我影响最大的除了父母,可能就是老师了,很庆幸我的老师都挺负责任的。

那时候的团场学校挺好的,师资也挺好,老师挺负责,后来有一批老师都调到了市区学校。印象最深刻的是我一个同学的父亲,毕业于北京师范大学,个子很高,长得也帅,很有才气,教学也教得好。因为家庭成分不好,从北京来到我们这个小团场,最后找了一个没有文化的老婆,两个人精神上也无法交流,我上六年级的时他患肝癌去世了,当时大概也就40岁左右。

2. 喜欢读书

喜欢读书是一辈子的幸事,很庆幸小时候能有机会读到喜欢的书。

上学时因为家里经济条件不好,没钱买课外书,我又特别喜欢看书,下课铃响了我就会跑到学校的小图书馆里去看书,虽然课间只有十分钟时间,也感觉无比开心,当时图书馆的阿姨住我们家楼后,对我也挺好的。

三、身在兵团

1. 熟悉的兵团人

从小生活在团场,对地方和兵团具体有什么差异分得不清楚,我一直认为自己是新疆人,虽然我也知道我是在兵团长大的,知道屯垦戍边,知道地窝子这些东西,身边还有曾经打过仗的老红军,但我就认定自己是个新疆人,根本没有兵团人的概念。

我知道自己是兵团第二代女性,但在教育子女的时候没有想过他是兵团第三代,还是觉得他是个新疆出生的孩子。

出去玩时我也会介绍自己是新疆人,外地人对兵团更没有概念,也没有机会介绍兵团。你看新疆媒体的宣传片大多是维吾尔族小姑娘、大草原、大沙漠,这样让我们出去的时候有点尴尬,每次跟别人说的时候都要解释一下。

去乌鲁木齐等地我会说自己是石河子人,很少说八师的人。我从小生活在兵团,现在也在兵团,石河子是兵团城市,是我的故乡,一个典型的军垦文化城市。这几年提的兵团精神就在我们身边的每个人身上,但我却无法用语言描述出来。

2. 兵团的婚姻观念

父母会经常说:"一个人和另一个人过一辈子不容易。"这种观念在潜移默化中灌输给了我们。在婚姻中要懂得包容。

兵团人的婚姻状态还是比较稳定,家庭观念挺强的。在父母那一代人的影响下,我们会比较包容,出于新疆大环境的影响,我们更传统一些,离婚的概率更小一点。当我想去和父母抱怨婚姻生活的时候,父母就会说我们比他们那代人强多了,我也是这样认为的。

从经济状态和家庭关系方面和北上广等大城市的朋友相比,我们的各种压力要低于他们,受到的诱惑也少一些,家庭更稳定一些。毕竟在一线城市有钱了各种诱惑都多,也是离婚率高的根源。

3. 奉献的兵团人

兵团最大的作用是屯垦戍边,兵团精神就是吃苦耐劳、勇于奉献。住地窝子,能吃苦、淳朴、善良、心思简单,他们不会像城里人有很长久的规划,对面前的现状很容易满足,如果包地挣了钱,再辛苦也会很知足。

前人栽树,后人乘凉,作为兵团第二代女性,我们和兵团第一代女性不一样,和地方、城市里的女性也不一样。我们没有第一代女性那么苦,母亲那代人更加勤劳,更具有奉献精神。我们这代人更注重自己的想法,注重家庭和孩子的教育。

访谈员后记:

　　长期生活在兵团,却忘了自己的兵团身份,深受兵团的影响,却无法描述兵团的感受,人类的很多感受可能有了距离才更强烈。

不服输的女人

口述人：第七师一二六团　岑老师

　　她算是半个兵团第二代女性，生在河南，长在兵团，这个好强了一辈子的女人，工作上不服输，生活中不愿输，和老公打完四个小时的架，带着伤、忍着痛、含着泪继续给学生上课。家里遭遇三次不同车祸，钱赔完了，脸毁容了，植了皮继续站在讲台上。一波三折、起起伏伏的生活让她更像是沙漠里的胡杨，坚强地生活着。

一、我的亲人

1. 母亲

我的亲生父亲是大学生,曾在开封下属某粮食局当过局长,"文化大革命"时被下放到沙石厂劳动。母亲是党员,是个有文化的人,曾在开封一家百货公司当指导员,也被下放到了农村去劳动,母亲受不了当时艰难的生活,就把父亲所有的东西烧毁,离了婚,只身带着我和弟弟生活,我没有任何父亲的记忆。

1965年,母亲带着七岁的我和三岁的弟弟改嫁到了第七师一二六团,和继父又生了三个孩子。

母亲打算盘很厉害,连队就把她分到了一二六团四连去发面粉、发油,还给母亲派了一架牛车,有一个姓马的叔叔赶车,她带着算盘一家家去算,几公斤几两地发粮票、油票。

当时的生活条件非常差,母亲受不了苦,几次想跑回内地,但到处是戈壁荒滩,她身上一分钱都没有,也不知道能跑到哪里去。有一次她一个人从一二六团走到了一二七团十四连,怎么也走不出戈壁荒滩,就再也不跑了。

2. 继父

继父对我们就像亲生父亲一样。

1956年继父支边来到新疆,是个地道的大老粗,连自己名字都不会写,领工资时只能按手印,也不会骑自行车。母亲改嫁来的时候,继父是个40多岁的老小伙子,河南人,个子矮矮的,长得不好看。

继父人很老实,从不打骂我们,也从不和母亲吵架。

当年母亲36岁,继父44岁,继父很勤劳,没让母亲做过饭。每天早晨继父都是把饭做好扣在锅里热着再去上班,母亲就一直搂着孩子睡到上班才起来。继父发了工资全部交给母亲,为了母亲他还把烟也戒了。

继父话不多,与我和弟弟之间的关系也挺好。记得大弟八九岁时不小心掉菜窖里,把胳膊齐齐地摔断了,到一二三团做了手术打了石膏。继父个子矮,大弟弟那时都快有他高了,他心疼大弟弟,看电影时就背着大弟弟去,感觉弟弟的脚都快拖到地了,他就让自己亲生的小儿子在后面跟着走。

后来,继父去了机关食堂当厨师,有好吃的也都先给我和大弟弟,生怕别人说他对我们不好。

2019年,岑老师大巴扎留影

团里的领导在机关食堂吃饭,继父就会把余下的菜肉打个包带回来给我外婆,所以我们也不缺肉吃。

继父特别孝顺老人,有什么好东西拿回来就先给外婆,外婆又把好吃的给我。我比小妹妹大了15岁,小妹妹出生的时候外婆已经瘫在床上了,我天天出去玩不在家看妹妹,继父就尽量不让我带,都是他自己带小妹妹。

3. 外婆

外婆是这个世上最疼我的人,她特别溺爱孩子。

我从小是被外婆带大的。我一出生基本上没有吃到过人奶,是外婆用芋头和小米粥一口口将我喂大。母亲把我和弟弟带到新疆后,外婆始终不放心,就跟过来了,她常常和我母亲说:"你把我孩子带到天边来了!"

上小学一年级时,教室还是个地窝子,一块木板就是一张课桌,板凳要我们自己从家里带。我喜欢滑冰,舅舅是木工,就把我的鞋子绑在一块木板上,木板下面钉个铁皮,给我做了一个简易的冰刀,冬天上学的路上一路滑着特别好玩。

有一天我滑着冰去上学,玩得太开心忘了时间,到学校的时候两节课都上完了,陈老师就批评我,拿教棍敲我。外婆不放心我,经常来学校看我,正好看到陈老师打我,她直接冲进来和老师打架。陈老师年轻、力气大,外婆打不过她,外婆就揪住她的大辫子不放,我吓得跑出去喊:"陈老师把我外婆打死了,陈老师把我外婆打死了。"别的老师赶紧跑过来把她们拉开了。从那以后,外婆就不让我去那里上学了,把我转到了团小学。

三年级时,班里来了一个内地的孩子,他年纪比较大,已经十四五岁了,特别坏。有一天我调皮骂了他,他就从外面把教室的门和窗户都堵死,把我关在教室里,不让我出去。教室烧的是煤炉子,煤不好的时候到处都是烟,当时学校里都没人了,我趴在窗户喊也没有用。外婆看时间晚了,别的孩子都放学回家了,就出来找我,才把我放了出来。那次如果不是我外婆,我可能就被熏倒在教室里了。

那时小娃娃都调皮,四年级时有个叫王长江的男生打我,回家后我告诉了外婆,她迈着小脚跑到学校把他追到了男厕所,揪出来打了一顿。

外婆特别宠我,我小时候爱美,嫌外婆做的鞋子不好看,哭着不穿,外婆就养鸡,存了鸡蛋卖给支边青年,用卖鸡蛋的钱托人买鞋子。团场里有各个地方来的支边青年,外婆就让他们买了带回来,那时我在班里穿得最好,而且是第一个穿的确良的学生。

17岁时团里给我批了工作,主要是埋果树,每天回到家脚都冻得不行,晚上我和外婆睡一个被窝,她睡觉的时候不爱穿衣服,她怕我冻坏了,直接把我的双脚放进她怀里去暖和。

那个时候团场人少,没有人的地方还有狼,为了能吃饱,68岁的外婆迈着小脚还要到地里去捡麦子。她把捡到的麦子打成捆,背在背上,回来后又把麦仁搓下来,煮熟麦仁,再放点盐,一人一碗分着吃。有一次继父去找捡麦子的外婆,看到有一只狼跟着她,就赶紧找了个棍子拿在手里护送外婆回家。回家的路上狼还一直跟着,直到他们走到有人住的地方。好长一段时间,他都不敢给母亲讲这件事。

现在想起这一切,深深觉得外婆对我们的爱是不能用任何东西去衡量的,是世间最珍贵的情感。

二、辍学,上班

那时候团里住的都是地窝子,在地下挖个坑,上面盖个顶,顶上面留个洞,用塑料布盖住,让光线能透进来。地窝子门前是一个斜坡,下雨的时候雨水就会顺着斜坡流进地窝子里,大人们就得用脸盆挖水往外泼。地窝子虽然冬暖夏凉,但是脏得很,到处都是土,我们睡的不是坑,是用土块垒的三个垛子,上面搭上用柳条编的床板,再铺上麦草褥子就可以睡觉了,大妹妹就是在地窝子里出生的。

在继父去机关食堂工作前,我没有吃过糖,没有吃过肉,也没怎么吃过鸡蛋。只有生孩子的母亲和六个月大的大妹妹才能吃个炖鸡蛋糕,我和弟弟都吃不到。

我学习成绩好,弟弟妹妹学习都不行,我对弟弟妹妹也没有耐心,爱打他们。大弟弟太调皮了,每次考试都只考两根油条(11分)。他上课的时候都能和几个小男孩从后门跑了,去拔沙枣、掏鸟窝。我在学校里特别出色,排球、乒乓球、篮球都打得好,还能长跑,是班里的文艺委员,爱唱、爱跳、爱学习。尽管这样,读到高一时,母亲还是不让我上学了。

教我们代数的曾老师认识我继父,他就问我继父:"她学习那么好,是考大学的料,为什么不让她上学?"其实,我继父也想让我上,但拗不过我母亲。那时外婆被舅舅接回了河南,相信外婆在肯定也会让我继续读书的。我有四个弟弟妹妹,家里负担重,母亲让我下来上班挣工分,我就去了一连铁姑娘排干了一年,冬天去拉肥料、埋果树,满手都是泡。记得舅舅来接外婆的时候,看我辛苦,还去帮我干活。第二年,因为我身材好,又喜欢跳舞,就被调宣传队待了一年。后来幼儿教师招考,我一考就考上了,培训了半年后,20岁的我分到了十二连当老师,在那里干了三年。

三、婚姻,生活

1. 一封情书

我和老公是初中同学,同桌一年。上课时,我觉得没意思了就看小说,他就知道天天抄作业,也不和我说话,抄完作业就睡觉,我们好像都是用眼神在交流。我上学的时候是假小子,老爱和同桌打架,唯独和他不打,他长得帅,很腼腆,我喜欢这种专注于自己内心的人。

工作后我们一直有联系,刘新兰同学知道我们对彼此都有意思就怂恿我给他写信,由她来帮我递。有天正好团里放电影,大家都带着凳子去看,他和一堆男生站在一起,她就帮我把信给了他,他收到信就同意了。后来那封信他一直存着,每到吵架的时候,他就说那封信是证据,是我先把他骗到手的,还说我和其他男生都打架,唯独不和他打,一定是从初三就看上他了。

老公高中毕业后没考上大学,被分到了二连,他的爸爸是运输连的调度,就把他也调到了运输连。正好我也在二连,我们就正式开始谈对象。

2. 相亲

我四年级就开始看《红楼梦》了,看了好多遍才看懂,最喜欢薛宝钗,感觉女孩子就要实际点,要敢爱敢恨,敢抗争。

上学时朱老师特别喜欢我,想把我嫁给她弟弟,还把我带到武汉去相过一次亲。那时候我和老公已经有了书信来往,母亲不同意我和我老公在一起,她愿意朱老师带我去武汉相亲,我自己虽然不愿意去相亲,但想出去玩,想见识一下武汉这个大城市。

那是我第一次出远门,第一次坐火车,第一次去武汉这么大的城市。一路上我晕车,吐得不行。到武汉时朱老师带我去烫了个头,换了身衣服,打扮了一下。朱老师的妈妈说我刚来的时候看着像30岁的,一收拾像18岁的。朱老师的弟弟在附近当兵,一听说要相亲,赶紧带了一个女孩子回来,所以最后没有介绍成。

朱老师就把我介绍给了一个在武汉针织厂上班的人,大我12岁,我们一起吃了一顿饭,我都没敢正眼看他一眼,反倒是他看上我了,还和我说可以直接领证,把我调过来上班,当时身边人都给我做工作,我就是没答应跑回了新疆。

3. 结婚

1981年我们结婚了,当时23岁,母亲还是不太愿意。

老公有四个姐姐,一个妹妹,是家里唯一的男孩子,公公是山东的,婆婆是甘肃的童养媳,很小气,家里特别的重男轻女。我们结婚时婆婆就瘫在了床上,新婚的被子都是我自己套的。我们和公公婆婆一起住在一间半房子里,中间吊个布帘子隔开,我们住半间,公公婆婆住半间。

我调到十三连怀了儿子后,我们就搬出来自己住了,新搬的一排房子住了11户人家,孩子差不多都是一年生的。一家有什么事,打架了,全家老老少少都去看。

4. 前卫的AA制

我和老公两个人经济都是AA制,很独立。他经常出差,如果把工资交给我,还得问我要,他就自己一直带着。他的朋友说这样不行,但他认为这样挺好的,谁有能力谁出钱。比如买房子就是我们一起出钱,他出首付,我来还,装修还是他来出,大家是独立的,一开始就这样,还觉得怪好的。我们不会因为钱的事生气,也没有分那么清,也不那么计较,花钱都是很自然的情况。我们也不互相买衣服,刚结婚时我给他买了衣服,他说不好,也不穿,我的东西他也从来不买,花多少钱他也从来不管我,是一种非常自然的ＡＡ关系,我们学校好几对夫妻都是这样子。

5. 夫妻打架

虽然我和老公是自由恋爱,但婚后生活也有很多摩擦。我事业心比较重,一忙老公就不愿意了,我们就常为这事打架。我天天要上班,还要带两个孩子,他给领导开车经常不在家。有一次我们生了好几天气,我吃饭时故意拿孩子来出气,连打了几下,把儿子屁股上打的都是手指印,他一看也生气了,把孩子抱去给他妈妈。怕在外面打架别人看着丢人,一把把我抓进房子里去打,我们一下子就打了起来,打得看热闹的都拉不开。

他一耳光把我打昏过去了,醒来了我就一家家的去找他,找到谁家就打到谁家。我把家里所有能拿到的东西都摔了,皮带、衬衣给他全撕了,这架一直打了四个小时,打到四点,看上班时间快到了,才停战不打了,煮了面条,含着眼泪把面条吃了去上课。地方小事情传得快,校长也知道我们打架的事了,怕我没去上课,就到教室去转转,竟然看到我和没事人一样继续给学生上课。

6. 车祸,赔钱

小吵小闹不断,也发生了一些大事。老公在开大车的时候出了两次车祸,赔了两次钱,把家里赔了个精光。

第一次车祸是他让无照的朋友开他的车,一下子把车开翻了,坐在后面的一个女孩脖子以下全瘫了,在医院拖了一年,我们天天拿着东西去看,后来家里实在赔不起了,做好了判刑的准备,最后团长给借了5000块钱才没有坐牢。过年的时候,那个借车开的朋友看到我家里一两肉也没有,我抱着孩子在家里哭,他也不好意思了,初一给我送来一千块钱,我们才去买了点肉包饺子过年。

第二次出事是在1984年,老公在克拉玛依开大车拉煤,有个23岁的小伙子突然从车前面跑出来,一下子就撞飞了几十米,拉到克拉玛依医院没有救活,又赔了几万块钱。

7. 难产，鬼门关

我生了两个孩子，都是难产，很庆幸遇到了好医生和护士，孩子都活了下来。

老大是个巨婴，我产前抽风，产后大出血，在一二六团医院已经报病危了。医生问保孩子还是保大人，四个老人都说保大人。我一个人躺钢丝床要生的时候护士给我挤大包的氧气吸氧，后来完全失去了知觉像死过去了，也不知道生孩子多疼了，听说孩子最后是被护士硬拽出来的。

月子里我还输了两次血，还好我嘴特别壮，人家女人过小月子，男人过大月子，月子饭老婆只喝汤，我一只鸡连汤带肉两顿就吃完了。从生儿子到满月天天吃五顿饭，白天四顿，夜里一顿，我不爱吃荷包蛋，老公就用半斤奶子把鸡蛋打碎泼在里面，再放上大把红糖，满满一大碗地喝下去。月子里一共吃了八只鸡（老公买了四只，朋友送了四只），四五百个鸡蛋。特别好玩的一件事是生儿子之前我爱吃5毛7一块的巧克力，还有午餐肉，现在儿子也爱吃巧克力和午餐肉。

1989年女儿出生，孩子俩相差七岁。那时老公给团领导开车，家里条件也好了，鸡、鸭、鸡蛋都可以随便吃了。又是难产，等了十几天孩子都没动静，就住在一二三团医院准备做手术。医院条件差，医生说要剖腹产还要等三天灭菌，就让我们想办法运动顺产，我试着下台阶、跳绳，都没有用。在医院等时间久了就想回家洗个澡，老公开个吉普车在土路上颠颠地把我送回去了。那天晚上六连棉厂突然失火了，他急着开车过去，把我放在了母亲家，让我自己回家。回家的路上肚子就开始疼，到家连电视也看不进去了，就去敲邻居家的门，邻居小花骑自行车跑到大街上去找我老公，正好在路口遇到，老公接上三姐、母亲刚进院子，羊水就破了，我直接跪在了院子里，没办法只能就近送到了一二六团医院去生。那晚是敲开杨医生家的门临时让他来的医院，那时候的医生和护士都太负责任了，两个半小时一直陪着我，孩子生下来后，两个护士累得手都伸不直了。现在我儿媳妇生孩子，那些护士还会训孕妇，没什么耐心，比以前差远了。

四、拼命工作

1. 学习,晋级

我责任心极强,极少因私事请假,始终放心不下自己的学生。工作上也特别好强,演讲、公开课等学校各项活动样样不落下。

我初中毕业学历太低,职称晋不上级,又连续三年没能入党,心情特别不好。老公说你不要在工作上太好强了,管好家就行了。我想参加中师考试他不愿意,天天带人来家里打麻将,打麻将时,我就带孩子睡觉,等他玩完睡着了,我再起来学习直到天亮。身体受不了了,就找医院的同学给开了个病假证明,在家里好好学习了半个月后,以第一的成绩考上了中师。上了两年学,一门课都没挂过,回来职称就晋级了,当年顺转三级,一年后四级。

在晋级后才知道自己没当过优秀,又下决心学习电脑模块,40多岁了,为了学电脑中午都不回家,天天做了上百份题,最后拿了市劳模,连续三年拿了三个优,评上了高级。

2. 车祸毁容

1998年,我搭学校拉鱼的便车回家,路上追尾了前面的大车,脸受伤缝了好多针,脸上的皮增生后又换了肤。司机前前后后为我花了一千多,住院打头孢换肤全是他付的钱。从医院回来后我照样上讲台,从不请假,我是班主任,不放心班里40多个学生。

3. 教育子女

我的孩子也是我的学生,学习都很好。我太忙了,根本没时间管他们,也从不给他们签字,她们主要靠自学。在小学里,女儿速算都是第一,我的孩子自己教,可以让他们全面发展,发现他们擅长什么,挖掘他们的潜力。儿子不写作业,我就当着全班学生面拿柳条儿打他的腿,却从没这样打过其他孩子,最气的时候也就是推一把或是拧一下耳朵。学生们又是喜欢我,又是怕我,我们班没有一个不写作业的学生,课下我尽量和他们做朋友。在这个团里,我教了整整两代人。我的两个孩子现在也都大学毕业了。

4. 办班,养家

老公出两次车祸后,家里一分钱也没有了,我只好去带学生挣钱,还好当时教育局不管。我假期办班,也带家庭生,我人好强,又喜欢做事,学校里讲公开课、元旦里搞活动、三八活动的主持节目串词全是我的事,还培养了很多学生当小主持人。

我也时常没有报酬地去给学生上课,办学校的红领巾广播站朗诵诗歌班等。1997年香港回归演讲比赛,我一路过五关斩六将,在团里面得了第一名。1999年澳门回归也是演讲第一名。还记得一次以家为主题的演讲比赛的演讲稿:家是什么?家是港湾,家是孩子们的安乐窝,家是夫妻的……这个稿子是我找另一个中学老师写的,我代表团里参加比赛,在七师里拿了三等奖。

2018年,岑老师接受返聘重返教师岗位

5. 寓教于乐

我教育学生不会教育他们死读书,所以学生都喜欢听我的课,后来他们有当主持人、播音员,也有考上师范生的。

上课不能死板,学生写作文我就带着孩子们出去先观察,然后再让他们写。比如写树的主题时就观察树,分局部观察和全面观察。

我特别支持寓教于乐,有时候为了让学生感知在水里玩的乐趣,我可以陪着他们玩两个小时。

五、难忘的学生

1.爱讲鬼故事的男生

退休那一年我生病住院了,有一个姓胡的学生在读重点高中,他特地跑到医院来看我,还买了水果,我怪他破费,他特别天真地说他有钱,现在爷爷、奶奶、爸爸、妈妈都给他钱,他有几份收入了。

他上小学时父母就离异了,跟着爷爷奶奶一起生活。这孩子晚上睡不着就看鬼片,第二天再给同学散布神鬼的谣言,我还得一边上课,一边辟谣,给同学们宣传无神论,挺耽误我上课的。我就去找他谈话:父母有父母的路,你有你的路,你再沉迷下去,你就是破罐子破摔。父母不负责任是父母的事,你的路父母也不能给你走,你还得自己走。咱们争点气好不好,从现在开始老师就是你的妈妈,你把我当妈妈就好。听了这番话,五年级时他的学习成绩就上来了,后来还考上了重点高中农七师第一高级中学,高中毕业后到乌鲁木齐上大学了。

2.学古筝的漂亮女生

前年回团里的时候遇到了1994级的一个女学生,人长得特别漂亮,身材也好。她小时候学习特别不好,在班上每次都是倒数第一,三年级时我给她妈妈说:学习这条路她不能走了,让她往音乐上发展,学古筝吧。小孩子和我说她喜欢古筝,怕妈妈不愿意。我就给她妈妈做通了思想工作。初中毕业她古筝就过了十级,读了幼师,后被送到洛阳去学习了一年,听说实习期前三个月的工资是三千块钱,一年后就有一万块钱了。遇到她时我高兴地说以后想和她学古筝,她认真地说一定会像当年我教她一样耐心地教我。

3.同学的儿子

我有个同学的孩子三年级开始进网吧玩。我是班主任,每天像克格勃一样戴着鸭舌帽放学后跟踪追击他们,最后追到一个同事的儿子开的黑网吧,他一看到我就躲起来了,他女朋友就把三个孩子叫了出来。我让三个孩子站在墙边,孩子们伸出了手我没舍得打,让其他两个孩子先走了,把同学的这个孩子带回家。同学来接孩子时,我对他说:"你回去打吧,别当我的面打。"听说他把儿子打得很厉害。

4.不想毕业的问题少年

有个问题少年在开联欢会时拍桌子吵大家,我气极了,直接把他从座位上提起来。

这个问题少年做过很多荒唐的事,曾经为了上网吧,把家里的书、铁、犁地的耙子全卖了,还偷了家里三千块钱,四处给人散。人家给他修车链子,给人家一百,从一个小孩手里买一个雪糕给一百,还请全班同学喝可乐,在教室里把可乐从后面往前面喷。我知道后气得揪着他耳朵,从他手套里搜出一百,从鞋里搜出一百,从桌子缝里搜出一百,到学校里各个班级里去搜,一共搜出来1500块钱,他自己都不知道怎么花了1500块钱。他在办公室里翻着白眼和我说:"爸爸要把我活埋了。"过一会又笑着说:"如果爸爸埋了他也是要坐牢。"

我建议家长给他办休学,他爸爸没有办法就同意了,天天带着他去地里干活。有一天,他跑到隔壁邻居家给我打了个电话求我救救他。我那时不会骑摩托车,就让警卫带着我到他家地里,看到他正在地里打农药,一见到我他就跑过来抱着我哭,当时我就心软了,就让他复学,还在我的班里。

后来他上初中还是很喜欢我,天天到小学来找我,和我说要背个书包到我班里来上课,那时他头发长长的,我告诉他可以旁听,让他立马去理头,他行个礼说是,就赶紧跑去理了发,还买个新书包。

后来他还是辍学了,辍学后果不其然出事了,两年后听说他们几个男孩子一起强奸了一个女孩子,还把人家肋骨打断了,被判刑坐了牢。他现在出来了,也有二十七八岁了,跟着叔叔在乌鲁木齐修车,听说找了个比他大六岁的媳妇,说能管住他就行了。

5.退而不休

2013年退休后,我在一二六戈壁母亲广场带大家跳广场舞,带了一年多,每天晚上风雨无阻。大家都说我有组织能力,还有坚持不懈的性格。2016年我又参加了社区演讲又拿了个第一,那次比赛我有两个最,一个是年纪最大,另一个"脸皮最厚"。

六、我的兵团

1.更美的兵团二代女性

兵团人有素质,讲奉献。相比那些天天想着挣钱的人,兵团人要豪爽、大方还坚强。兵团人吃苦耐劳,你看现在的一二六团这么大的变化,就是一代又一代兵团人努力的结果。

现在很多全国各地的大学生来到团场,团场给了他们施展才华的平台。有的就在这里成家、生子,现在有房有车了,生活比我们本地人过得还好。大学生们支援了这里,这里也培养了他们。

我们这一代兵团女性比第一代母亲们有文化,她们大多只会干活,天天为老公为孩子。我们这代人可以拓展自我,有创新精神,喜欢学新鲜事物,也更善待自己,更追求美,更年轻漂亮,更喜欢打扮自己,我认为女性一定要把自己打扮得美美的。

我们退休以后该旅游就去旅游,想参加什么活动就去参加,比她们更热爱生活。我们这代人是自己精神好了还想建设家乡,现在团里的巡逻队都是老年人,我觉得就应该让我们去,我们有心,有精力,还可以发挥余热。我们虽然退休了但心不老,她们那一代人退休了就过自己的日子,我们退休后也可以带好孙子,因为有文化,可以培养第四代兵团人。

和我年纪相仿的女性婚姻生活也挺好的,离婚率不高,不像现在的年轻人离婚的太多了,有的结婚不到一年就离了,还有怀孕三个月了还打掉离婚的。

我特别佩服的兵团女性是陈主任,她是个工作狂,50岁的人了,为招商四处跑,每天很晚才能回家。我感觉她家一个月没怎么亮过灯。陈主任人大气,处理事情很有分寸,我特别佩服她。我喜欢女强人,特别看不上那些天天打麻将的女人。

2.骄傲兵团人

我愿为兵团的发展出谋划策做任何事,没有任何怨言。

2012年女儿大学毕业想要到天津找工作,要花10万块钱。当时我们没有钱,女儿嫌我小气非要到天津去看一看。她那时才43公斤,1米6,瘦小瘦小的,我就全程跟着她去天津当保镖。

我们是坐飞机去的,一下飞机就遇到倾盆大雨,根本看不到路。出租车司机一听我们从新疆来的也不敢拉,我说我们是兵团的很安全,晚上都不锁门,兵团人大都是从山东,河南过来的,父辈们都是军人,你不用害怕。他听后就把我们拉到附近的一个宾馆。第二天,我们又搭了一个出租车,司机完全不知道什么是兵团,我就又介绍了一下,他问我们兵团好不好,我回答:"好啊,那是养我的地方,现在兵团5年变化相当于20年的变化了。"我还给他介绍过喀纳斯、天池、伊犁草原,他说挣了钱,有机会也要到新疆去看看。

退休后,我无偿在一二六团手工编织班教课。前年还想给陈主任提建"相思林"的事,建议一二六团的人都来种树,将来可以将父母的骨灰埋在树下,清明节子女们来祭奠,也看看故乡的变化,很有意义。

我还参加过一次赞美兵团的演讲比赛,我很自豪我是兵团人!

访谈员后记:

一二六团小学退休教师,那个外婆最疼爱的孩子,学习、家庭、工作、退休,好强的她必须直面生活中发生的各种突变,愿她归来依然少女心。

我只会简单地生活

口述人:第八师石河子市　任女士

为了生活做过多份工作,初中毕业自学炒股,自考会计,小有收获,可以养家。作为单亲母亲,永远是孩子坚强的后盾。

一、简单的童年

我家附近有一道大渠,夏天小朋友们常偷偷到大渠里去玩水。大家都没有玩具,有什么玩什么,一起和稀泥,一起去拔草,一起疯跑。

大家日子过得都穷,过年、过节时才能吃一次肉,买一次新衣服,多数是吃苞谷面,偶尔会有大米吃,还好家里养的有鸡,每天可以吃到鸡蛋。

我在化工厂旁边的学校读的小学,学校条件不好,之后转到农科院读初中,学校条件好了一些,教室依然是土块房子,冬天需要烧炉子取暖,值日生每天轮流到教室去生火。有的老师很严厉但从不打学生。

小学、初中时作业都不多,家庭作业写完后我就得打扫卫生、做饭。那时年纪小也不太会做,只会煮个稀饭,下个面条。我家只有我和哥哥两个孩子,家里条件都算是比较好的,做饭的时候有鼓风机,烧的是煤。

父母没有文化,没有时间管我们,在学习成绩方面要求比较严厉,他们不能指导作业,只会看作业本上的对钩和八叉,如果八叉多了就会打我屁股。

二、生活经历

1. 木工厂上班

父母都是化工厂的一线工人,工厂主要做稀土、冶合金的,他们每天上班都特别辛苦。我家很早就有电了,晚上有电灯照明,不用再点煤油灯。父亲是个爱折腾的人,也比较有上进心,工作之余还会去帮别人干活挣些钱,不像别的家长除了上班拿点死工资什么也不干。

1988年父亲响应政策停薪留职,随后自己开了一家木工厂。我16岁初中毕业后就到木工厂上班,在自家干活就没有发工资,没钱花了父母会给我。木工厂一共十几个人,只有父母和我是本地人,其他人都是从内地雇来的,我主要负责刷门、做门,一直在木工厂干了5年。

2. 结婚

我天天在木工厂干活,生活圈子很小,根本没有机会找对象。后来有个同学把他的朋友介绍给我认识,我想早点成家自己挣钱自己花,谈了一年多对象就结婚了。当时父母是不太同意,但看到对象会开车也就没有坚决反对。

婚后刚开始我们两口子都在木工厂干活,我拿计价工资,干得多拿的多,有时高有时低,从300元到700元不等,有时候还能拿到800元,这在1993年算高工资了。老公给木工厂开车,每月固定拿300元,他干了一年多就出去给别人开车了。

1995年我们有了女儿,我好像没有想过如何教育孩子,好多观念就是顺其自然,尽量把孩子送到好的幼儿园好的小学,和现在大多数父母的想法都差不多,只要孩子好好学习,身体健健康康的就可以了。

3. 离异

结婚这些年我们经历了很多事,苦日子也挨过,夫妻间总是有些不可调和的矛盾,婚姻内的这些年我个人最大的感受是要对自己好一点。2006年,我们把农科所的房子卖了,在21小区买了房子。2012年离婚了,离婚对我们大人的影响不是很大,对孩子还是一种伤害,虽然孩子私下里也支持离婚,但这样的家庭关系还是让她很难受。离婚后一切都得靠自己,要挣钱养自己,其实也没有什么,我也不害怕,没时间也没有想过痛苦,偶尔静下来的时候会感到内心有一种对生活的恐惧,这样的感觉估计每个人都会有吧。

三、兵团身份

作为兵团第二代女性,我们的作用没有第一代女性大。第一代兵团人开创兵团,我们继续传承和发扬他们的精神。相比较来看母亲那一代女性比我们更能吃苦,更有担当。

第二代女性比较贪玩,当然也延续了老一代人的精神。我们比较顾家,也有创业精神,知道自食其力,总之是比上不足,比下有余。

我身边的人离婚的挺多的,大多数家庭都是因为感情不和,经济状况不好离异。

和我一起长大的有本事的同学都去外地工作了,生活条件也不错。在石河子的这些人,大多在工厂上班,小时候化工厂上班的那一批人,后来在天业上班,其他的在打工,生活条件也还行。

我是个不操心的人,也没有想过兵团身份,生活在八师这么多年,也去过团场,意识里认为只有种地的才是兵团人,而我是干个体的,不算是兵团人。现在孩子已经大学毕业在北京工作结婚了,我想将来会离开这里和孩子一起生活。

访谈员后记:

她是一个特别简单的人,不多事也不操心,只要对她好,她就会用心回报。她在讲述过往时特别的平静,好像所有的一切都是那么自然而然。

一辈子干不完的家务活

口述人：第九师一六三团　焦女士

　　父母忙,家务活都是她的,除了上学还要照顾弟弟,实在没有多余的精力学习,为了不做家务宁愿不上高中离开家去参加工作,但她发现一辈子都没有逃脱做家务的命运。

一、团场的那些生活

1. 从小做家务

我出生在一六三团一个地窝子里,顶上有一个窗户,刮风下雨都要用塑料布把它蒙上,不然里面就会飘雨飞土。地窝子里,三个土块墩子,搭上苇把子就是床,铺上草和被褥就可以睡觉。没有桌子,在墙中掏几个洞就可以放东西。连队里一家一个地窝子,冬天靠土火墙取暖。后来,我们搬进了平房,一排房子六七户人家,一家一间半。

父母都是职工,四个孩子,这在当时算少的。父亲在修造厂上班,母亲在四连种大田,种小麦、油菜、豌豆等。

我们喝水都要到井边去挑,机修连只有一口井,我是老大,稍大一点就开始挑水了。我个子小,做饭够不到桌子和案板,就踩着凳子揉面做饭,我下面三个全是弟弟,我干活的时候还要照顾他们。

最小的弟弟比我小八岁,他上幼儿园时基本上都是我去接送。除了做饭,我还要洗衣服、洗被子,所有能干的家务活都要干,一到周日休息时就会洗很多衣服,小小的个子就在一个大水池里洗一堆衣服,其实根本也洗不干净,凑合着穿。家里还喂了鸡、养兔子,放学回家我还要去拔苜蓿喂它吃。

2. 学校

学校教室是破破的土房子,课桌就是土块墩子上铺个板子,一堆孩子趴在上面写字。冬天值日生要背着柴火去学校架炉子。老师教得还不错,他们有的是上海来的支青,后来多数都回上海了,我学习成绩还行,不算太好,家里活实在是太多了,回到家了根本没多少时间学习。

那个时候学校里孩子多,一个年级有五六十个孩子,天天吵哄哄的。学费很便宜,一学期就几块钱。

五年级时我们遇到全国性的留级,大家都再上了一个五年级,学的啥也记不得了,好像是把第一次学的又学了一次。

3. 艰苦的生活

童年的世界只有团场,到处都是石子路,白杨树,一排排平房,人与人之间的关系挺好的。吃饭时端着碗出去,走到谁家都可以揭开锅盖盛碗饭吃。

我们那很少有人挨饿,吃的有黑面、苞谷面,少有白面,家家有菜地,也可以吃上肉。过年的时候还能买上半扇猪,自己家养的有鸡,不过吃的鸡蛋少,各家情况都差不多。父母是双职工家里条件算是可以的,家里孩子多的单职工的家庭条件比较困难,粮食都会不够吃。

小时候的零食很少,最好吃的就是粘着白砂糖的大饼干、桔子罐头、梨罐头,馋了就花一毛钱买八九块水果糖,五分钱买一个水冰棍。

冬天总是老三样,吃萝卜、白菜和洋芋(土豆的别称)。一次蒸上一大锅洋芋,一冬天一家能吃掉四五麻袋。有的家里连这些也吃不饱,来年春天时,地窖里的洋芋、萝卜、白菜发芽了,有的还开了花,舍不得扔挖掉芽接着吃。生活好了后才从电视了上才知道发芽的洋芋是有毒的。

团部的人比连队的人生活要好一些,过年能穿上新衣服,连队里好多孩子的衣服到处打着补丁,家家孩子身上都生虱子,舅舅家住连队,他家孩子就都有虱子。虱子是寄生虫,附在人身上吸血,咬得人身上痒痒的,而且还

年轻时的焦凤莲

会传染,小孩子们常互相捉虱子取乐。

我们吃水不方便,很少洗澡,想洗澡了就得挑几趟水,回来烧热水倒在盆里打湿了毛巾擦擦。每次挑水的时候我都很害怕,挑水的地方是一个有20米深的辘轳井。冬天井边上滑得很,全是冰溜子,真有人滑进去淹死了,井太深了人掉下去就没有命了,救都救不过来,大人和孩子都有掉进去过。连队里比团部还要差,吃的都是涝坝水,水里漂着羊粪蛋子,冬天就化雪水来吃。

4. 打烂花瓶

因为调皮,父亲常常打我,母亲从来没有打过我。

记得有一次我在家抹桌子,不小心把一个花瓶摔成了两截,吓得我赶紧用纸插在中间把它接起来,又担心被人发现了,就把花瓶放在鱼缸里,以为这样大人就看不出来了,结果放花瓶时忘了花瓶是坏的,一半丢进鱼缸又把鱼缸打坏了一块,吓得我又拿块布把鱼缸盖起来。父亲回来一看就问这是谁打坏的,我说不知道,他一把把我抓过去就打了一顿。那时候可恨父亲了,心想我天天干活你还要打我,真的特别伤心,还想离家出走。

5. 偷蘸糖稀

我小时候确实也调皮。记得大锅饭的时候,团场有一个甜菜厂,专门把甜菜做成糖稀,一缸子卖几块钱,我们没有钱,就想一些坏主意。一堆孩子拿着大饼,故意往卖糖稀的锅里一沾,饼子上就粘了好多糖稀,整个饼子就全是甜的,回来和弟弟们分着吃。

那时一帮孩子天天干这事,大人拿我们也没有办法。估计也是看我们可怜,没有真正想赶我们走。

小孩子在一起一玩就能玩一天,玩的游戏比现在多的多。孩子之间偶尔也打架,打完就和好。即使再贪玩,我时刻也能算着什么时候该回家干活,如果没有干活,父母回来后我就又要挨打了。

我最高兴的时刻就是课间十分钟,一帮孩子跑到苞谷地里去吃黑豆豆,吃的嘴黑黑花花的,舌头也黑黑花花的,黑豆豆吃多了要便秘,好多孩子拉不出屎。

6. 去塔城市玩

长大点会骑自行车后我就和同学一起去了一趟塔城市,那天是周天没有课,我们来回骑了大概十公里,每人花了一毛钱,我买了十个红果娘子,同学买了白果娘子,都高兴得很。

后来,我又和同学结伴去塔城电影院里看了场电影,真是高兴死了,不过看的第一场电影名字给忘了。那个时候电影票就几毛钱很便宜,我们想着玩就开始存零花钱,存够几毛钱就去塔城玩一天。

当时塔城市街上也都是平房,只有一条商业街。电影院叫塔尔巴哈台电影院,是塔城市最好的建筑。人民公园也很好玩,里面有一座独木桥,一次只能过一个人。有次我为了看电影骑着车子过独木桥,对面来了一个人,我一慌不知道怎么停下,就连人带车一起掉进河里去,被好心人从水里捞了起来。

7. 弃学为离家

上学的时候好像也没有什么难忘的事情,就是觉得太累了。

父母亲天天忙着积肥,白天干活,晚上开会,根本没有时间顾家。我要上学,还要干家务,有时候还要去帮他们干活,真的很累。

初中毕业我考上了高中,没去上。太累了,我就想离开家去工作,校长都到家里来让我去上学,我就是不去。

从能干活起我就每天早早地起来给弟弟们做饭,没有一天不干活,所有的家务都是我的,三个弟弟啥也不会干,只是去捡柴火。真的特别不想待在家里了,放学干活,放假也要干活,捡麦子、捡豌豆、喂鸡,总之就是干不完的活,感觉可累了。那时就不想上学了只想离开家出去工作,还可以挣点钱,说实话我累得也没有精力上学。

工作两年后,有个机会可以去上护校,我有了两年工龄,怕丢了就没有去。上班后不住家里我特别高兴,心里也想帮父母多干点,但真的是干够了。

8. 上班浇地

开始我在一六三团二连看浇地的动力井,那时全靠动力水浇麦子地。我上白班,师傅上夜班,也不累。值白班的时候,就在荒地的井房里住着,一排井房有五六个动力井,间隔二百米左右,井房里只搭了一个简单的铺,我们就在那里休息一下。

1982年前我一直在那里上班,周日才回家。平时吃也在单位,井上会有人送饭,也没什么业余生活。如果团部放电影,大家就会骑自行车一起去看电影。住的宿舍条件挺差的,但我觉得不累,没有那么多活干。

二、生活的变化

1. 生活的突变

上学时谈恋爱的人挺多的,我年纪小不懂,大一点的孩子谈恋爱,好像也挺多的,老师也管不了。

我那个时候爱看书,不想上的课,就在下面偷偷看小说。好像考上高中也挺容易的,后来还有同学考上了大学,有当老师的,也有当医生的,我从没为没读高中后悔过。

在二连工作的时候我结婚了,1989年调到了一六四团来。年轻时我也评过先进,在厂里当过三八红旗手,当过车间主任、团支部书记。结婚后为了照顾孩子,就一直以家为中心,工作平平淡淡的什么也没有干。我生了两个女儿,两个女儿又各生一个女儿,现在我天天带这两个外孙女。

2008年,我的生活发生了巨变,丈夫出车祸走了,家里少了顶梁柱。现在我退休了,工资不高但也够花,真的能感觉到日子是越过越好,大家都住上了楼房,装修得也很好。

女儿两岁的时候,母亲突发脑溢血,家里就我一个女孩子,我伺候了母亲好多年,经常要骑自行车两边跑,要去给她洗洗弄弄。母亲太能干了,干了一辈子大田的活,发病时正是大田排的排长,上班的时候突然发的病,去世的时候也才50多岁。家里不幸的事总是不断,后来大弟弟也因为车祸年纪轻轻地走了。

2.一切为了孩子

我在团场待了几十年,从来没有想过离开这里,外孙女也在这里,更不会离开这里了。我现在天天在家里带外孙女,外面的人和事都不清楚,跟不上节奏了。

我的两个孩子都在外面上了大学,又回到团里来上班,她们也感觉兵团的建设越来越好了。我和母亲这一代人相比生活好多了,她们生的孩子多,干活苦,顾不上孩子的教育。我是比较顾孩子的,只要她们能上学,我就要供她们。母亲那代人在工作方面更有奉献精神,把时间和精力都放在了工作上,我更注重家庭一些。我周边的人好像都只有一个想法——带好娃娃、带好孙子。大家都想着给孩子减轻负担,出去玩的人比较少,都在带孙子。一辈子都是为了孩子,为了孩子的孩子。

3.实在的兵团人

在家庭关系当中,兵团家庭男女之间还是比较平等的,在工作中几乎没有遇到过歧视女性的现象,我们这一代离婚的人也不多。

地域不同,介绍自己的方式就不同,都没有刻意的。我去香港玩过一次,出去玩的时候介绍自己是新疆人,到乌鲁木齐说自己是塔城人,只有在塔城市的时候才说自己是一六四团人,感觉自己是兵团人还是挺骄傲的。兵团人就是比较实在,大大咧咧的,比较豪爽。现在兵团建设又吸引来了好多大学生和新职工,人口结构发生了一些变化,人和人之间的关系还是比较好,很少看到吵架打架的。

4.逃不开做家务的命

我在家庭教育中没有打过孩子,她们一直挺听话的。从小我就教她们自尊、自爱,只有学习不好时,我才说:"你们好好学习,家里经济再不好砸锅卖铁也要供你们。"我也很少让她们干家务,她们几乎没动手做过饭。现在她们的孩子也是我带的,到现在她们也不怎么干家务。外孙女们也是跟着我一起吃,她们只上上班就行了。

　　说来也可笑,我一辈子想逃离家,不干家务活,结果干了一辈子家务活,父母的,自己的,孩子的,没有落下过。

访谈员后记：

> 　　小时候因为不想再做家务辍学去工作,但一辈子也没有逃脱做家务的命运,真如她所言,父母家、自己家、孩子家,每家的家务她都没有落下过。

"垫窝子"的孩子

口述人：第七师一二六团　吕秀兰

老小家中宝，父母宠爱，哥哥姐姐疼爱。青年排、法庭、司法办、民政科、计划生育办公室，在不同的岗位上为一二六团贡献着自己的一份光和热。

一、老小家中宝

1. 辗转

1968年,我出生在一二六团修理厂的窑洞里。50年来我从没离开过这片土地。

家里四个孩子,哥哥姐姐都比我大好多,我小的时候,大姐就去了内地,二姐去一二三团工作,后来嫁到了那里,哥哥在果尔图工作,比我大16岁,我就像是垫窝子,一个孩子在家守着。

我在窑洞里住了大概六年。窑洞是砖砌的,红柳、苇把子打的顶,当时没有炕,用砖垒几个垛子,垛子上面铺上红柳编的铺板就是床了。一排窑洞挨着住好多家,一户人家一间,每个窑洞前都搭了一个棚子做饭,冬天外面冷就只能在窑洞里做饭。

10岁时,爸爸调去了副业队做职工,妈妈作为家属也一起搬了过去,爸爸在那里专门做副业,例如酒、酱油、醋还有缝纫什么的。在那里我们住进了地窝子，里面比窑洞脏多了，到处都是土，地窝子都是自己家挖的，有段时间经常地震，大家都害怕地窝子塌了把人压死了，就经常躲地震，一大堆人都睡在外面，特别热闹。小孩子们就特别高兴，不疯够不睡觉。

还记得我们家养了只羊，冬天杀了羊在地窝子里烫羊蹄子，那个羊毛烫焦的味好久都散不了。冬天洗澡是件麻烦的事，骑自行车去井边驮水，在炉子上烧水，然后躲在火墙后面在大盆里擦擦。几年后我们才盖了平房，我长大点会骑自行车时也要去驮水，小小的个子骑一个大梁的自行车一扭一扭去驮，天天可高兴了。

2. 宠爱

爸爸是50年代随解放军部队来的，妈妈是家属，童年的记忆里，我从来都不觉得苦。爸爸特别疼我，从来不打我，他还钉了个木盒子放在我的床头，里面从不缺少零食，那些零食都是有粮票才能买上的油果子、饼干啊什么的。

妈妈只有我犟嘴时才动手打我。我生活条件和其他小朋友比一直都很好，其他家的孩子都是小的捡大的衣服穿，记忆中我好像连补丁带补丁的衣服都没穿过。那时哥哥姐姐都工作可以挣钱了，家里就像只养了一个孩子一样。

爸妈都没有啥文化，在学习方面管不了我，我初中学习还可以，高中时数学就不行了，但他们对于学习也没那么在乎，不管成绩好不好，我在家仍旧特别受宠。

二、兵团生活

1. 小学

我一直在团部上学，学校的教室全是一砖到顶的房子，那个时候家家孩子多，各个学校都有好多孩子，入学基本上都是就近原则，特别是小学，团部的在团部上学，连队在连队上，每个连队都有小学。

我觉得以前的老师比现在的好，要负责多了，也从不打我们。有一个姓钱的老师就像我们的父母一样，一个姓龙的老师却特别凶，读书的声音小一点都要训，前年我还见过一次龙老师。这些老师都退休了，有的离开兵团去了乌鲁木齐,有的已经不在了,他们那时都教得好,我的语文在那个时候学得挺好的。

2. 零食

童年是比较快乐的,晚上睡不着的时候,我就从床头的木盒子里摸颗糖啥的含在嘴里就睡着了,长大后牙就不好。那些零食别人家的孩子根本吃不上,甚至都没有见过。

有一件事我特别的内疚,现在想起来都难受。有一个同学的哥哥到我家里玩,他家里穷,人可老实了,没有吃过啥零食,他当时也只是一个孩子也馋,有天偷偷地抓了把我的零食被我发现了,我就去给他妈妈告状,我那个时候小,其实他吃就吃一点呗,我又不缺。后来听说他30多岁就得尿毒症死了,我可难过了,感觉他一辈子也没有享上啥福。

我小时候就有肉吃,家里只有我一个女孩子在家,父母年纪大了也干不动重活,每次要干活,爸爸就让同学家的二哥来帮忙,然后妈妈就给他炒肉吃,妈妈每次给爸爸说:买点肥的,解馋,给他做捞面条吃。我们两家关系一直都可好了。

3. 工作

高中毕业后,我去商洛师专读了成人大专,但从来没有想过到外面去工作,一起读书的杨红靠家人帮忙留在了西安。现在想想挺后悔的,不应该回来啊,如果那个时候找个对象也就留在西安了。

我谈恋爱也比较晚,不知道啥原因,上学时没有人找我,我也没有找别人,反正就没有恋爱谈。

毕业之前,哥哥就把工作联系好了,让我先到青年排锻炼一年,再分到别的岗位。我分到了四连青年排,管理20亩地。地里满是草,爸爸就帮我去锄草,那草跟头发似的疯长,哥哥回来时也会帮我干活。那一年,我自己只浇过一次水,记得那天晚上下雨了,淋了一夜,第二天哥哥去换我,再也不让我去地干里活了。在青年排干了一年后,我就被分到了机关工作。1992年到法庭当书记员,1998年到司法办,2007年调到民政科,2012年至今任民政科副科长、计划生育办公室副主任。

4. 老公

在机关工作的时候,嫂子要给我介绍对象,一个是现在的老公,另一个男的条件挺好的,但个子比老公低,还有白癜风。我一想有白癜风可不能找,就找了现在的老公。见面以后大家互相都看上了,谈了一年恋爱就结婚了,他人长得高,又帅,我一直挺喜欢他的。其实我们上学的时候就认识,只是大家彼此都不说话。那时候男孩子一下课就站在路上晒太阳聊天,女生每次路过时都能看到他们。

5. 女儿

女儿特别乖,我都没有时间好好教育过她,团里的孩子四年级之后就要去抢"三秋"拾棉花,为了不让女儿拾棉花,在她八岁时就让奶奶带去奎屯上学了。

女儿从小就听话,可能我自己的成长过程中觉得父母只是宠我,没怎么教育过我,我也没有费心地教育孩子,只要她开心,长成什么就是什么样。现在女儿大学毕业、工作,都已经成家了。

6. 发小

我的同学基本上都算是发小,现在大部分都在外地工作,有几个在团机关或学校工作,包地的好像没有,到奇台、奎屯和内地当教师和医生的比较多。

还记得有一对回族双胞胎姐妹,我天天找她们去玩,我特别会梳头,就天天跑她们家给姐姐梳头,上学的时候骑自行车带了姐姐好几年。姐姐身体不好,在家不干活,有时间和我一起玩,妹妹天天在家干活,没时间和我们玩,所以我和姐姐的关系比较好。

三、家庭地位

妈妈在家没什么地位,爸爸基本上都不听她的,我在家里的地位算占了一半,比妈妈地位强多了,但家里的大事还是老公拿主意,基本上还算平等的,会商量着来。我在兵团也没有看到歧视女性的现象,女性想干点事也是可以的。

戈壁母亲的女儿们——兵团第二代女性口述故事

我旁边办公室的王俊梅同志就是典型的兵团二代女性代表人物,在持家、孝顺父母(养父、养母、继父)、教育子女方面都是出了名的,值得一二六团所有的人学习,她十几年如一日伺候老人,现在自己全身是病。

兵团人特别朴实,特别能吃苦耐劳,兵团的女人更加的能吃苦。工作中、生活中受了委屈和压力都能忍受。相较第一代女性相比,我们这一代女性比她们幸福太多了,不用说,我们更爱美,更胆大,穿得好,吃得好。随着时代的变化,都是顺其自然的事情。

访谈员后记:

> 60后出生的女孩子,自幼生活在有零食、穿新衣的环境里,被父母、哥哥、姐姐宠爱,连家务活儿都没怎么动手做过的人寥寥无几,她是幸运的。

要听老人的话

口述人:第八师石河子市　萍姐

　　7岁时被送到河南和姥姥一起生活,12岁又回到兵团,她总是不适。因无法生育遭遇退婚,让她走进了人生的暗夜。她没有受过多少教育,老人的话对她来说就是人生的指路明灯。

一、河南老家的生活

我父母是1958年从河南漯河来到新疆农八师,父亲先是修车,后来开车,我1970年就出生在八师。

我们家四个孩子,我是老小,上面三个哥哥,只有我一个女孩。那个时候父母都上班,妈妈是纺织工人,爸爸一天到晚在外面跑车,先是解放车,后来是东风。

我是跟着姥姥长大的,几个哥哥是跟着舅舅长大。7岁时我跟着姥姥去了河南,12岁又回到新疆,在河南时我没怎么上学,回来后直接跟着同年纪的孩子混个初中毕业。

1. 生活艰难

在河南的时候我跟家人一块挖红薯、挖花生、收麦子、干农活,挎着篮子去集市上卖鸡蛋。一直就像个男孩儿一样,在老家有这样一个说法:女孩儿要当男孩儿养,好养活;男孩儿要当丫头养,难养活。那时候都穷,家里鸡蛋都拿去换盐。我们把鸡蛋装进用粗树枝编出来的篮子,只有老人会编,编好以后,姥姥会说:"妮儿,筐编好了,鸡今天下了几个蛋?"我说下了五个蛋,"咱不能吃啊,咱放到集上去,咱拿它换盐。"我说:"中啊。"姥姥就带着我走,顺便赶集把这筐卖了,一个筐只卖几分钱。

在河南时姥姥没钱,我就没有上学,常一个人趴在教室外面的窗户上偷看。天天跟着我的同龄人在地上用小棍写简单的字,没用过铅笔,没买过本子,也没人教。后来我妈说这样不行,要我回新疆上学,哥哥们都上学了,最好的上到高中毕业,我是最差的那一个。

2.散养成长

姥姥也没文化,还裹着小脚,我就像散养长大的。

河南农村都是院子和院子挨着的,我天天跟着八九岁、十来岁的同龄人一起玩,是十几个一大群孩子拿棍的、拿跳绳的、踢毽子的。

记得小时候我和一个小姑娘玩,她摔了一跤,我就把她捞起来,她家里面给她拿了一个小手绢,她就点着擦眼泪,看着人家小姑娘拿着小手绢擦眼泪的姿势非常优美,我只会直接拿手抹,她说我的动作和说话特别像男孩儿,都不像女孩儿。我觉得这就是一个没文化的人和一个有文化的人的区别。

二、不适应新疆的生活

1.上学

我12岁回到新疆,那时候没有什么留级生,全都是跟着同龄人上就行了。

我家住的也是土房子,以前是在大修厂(现在的柴油机厂)住。那时候上学挺松的,我没上过什么学,大字不识几个,看别人都工作拿钱了,想的是早早毕业就行了,也没有好好学习过。

爸爸会套兔子,校长说给他套上四只兔子,我爸就给他套了四只送过去,校长就答应了让我跟着同年纪的孩子一起上。

1988年我17岁时,终于混了个初中毕业,还记得毕业的时候我第一次喝了香槟。

2. 适应生活

老人家说,在一个地方生长的草,你把它移到另外一个环境去生长,不管它生长几年,如果它已经适应了新环境,猛然回到它原来的地方,它就回不去,因为它的心回不去,飞不回去了。

从河南回来后我觉得特别陌生,还是想回去。我跟姥姥说我想回去,她问我回哪去,我说想回河南去,她说:"这就是你的家,不能回去了,在这儿吧。"

回来后我也不知道怎么和班里同学沟通,我是一个和男孩子一样大大咧咧的人,所以猛然一到这个环境里面,就没朋友。这边的生活我适应了五年,在学校也不说话。我跟男孩玩得比较多,摸瞎子、抓小鸡。

我和哥哥们也玩不到一起。大哥比我大四岁,在库尔勒和别人学开车;二哥、三哥是双胞胎,比我大两岁,十几岁就去参军了,去了同一个部队,一个是厨师,一个是司机。这两个哥哥都不太爱说话,他们俩关系还可以,出现分歧的时候才会拉拢我,比如一个考80多分,一个考90多分,就会对我说:"妹,不要和他说话。"另一个说:"不要跟你说话,没考好就是没考好。"两个人常会为小事争高低。

我的父母一天到晚都忙着上班,刚回来的时候我都不叫他们爸妈,感觉很陌生。父母也没吵过、打过我,他们也没时间。爸爸跑车,一跑就是远途,妈妈每天都上班,我们之间说话特别少,在学习上也不管我。

我正式参加工作后,姥姥又来新疆了,我光想让她带我回去。姥姥来看我时,我就把被子和其他的东西都打理好,想连夜赶火车走。姥姥说:"不行呀,妮儿,这是你的家。"后来姥姥也没走,一直留在新疆,直到去世。

3. 工作

第一份工作是自己找的,在制作香槟的饮料厂,给香槟贴标签,橙子味、原味、橘子味,压瓶盖子、装箱都我干,干了两年,一个月能挣100来块钱还可以。后来饮料厂解体了,我又去糖厂包方块糖,做方块糖用甜菜,又干了两年,甜菜没有了,糖厂也倒闭了。后来我开始打散工,餐厅刷碗,早餐店炸油条,那时候钱都特别紧张,一个月能挣点就不错了。后来又到天盛纺织厂干了几年,做纺织工,络纱,体力活不难干。

4.坎坷的感情

我结婚晚,结婚之前也谈过恋爱。他是当兵的家在博乐。妈妈说找个当兵的可靠一点,我就找了个当兵的。男方要求女方可以生育,不能生育的话就不要你。那时候我们已经在一起了,快要扯结婚证了,双方父母都是知道的,婚前一去检查身体,我有毛病不能生育,就不结婚了,还退了他一万块钱的彩礼。那时候一万块钱挺多的了,妈妈就说都在一起三年了,我心里也挺伤心的,就退给他了5000块钱。当医生说我不能生的时候感觉我前面的路就是黑了,这件事对我打击挺大的。

5.40多岁结婚

结婚这件事对我来说可能就是形式化,已经没有什么爱情可以讲了。

从20多岁到40多岁,我没有再谈过恋爱,有人给我介绍也不去,都是让他们哪凉快站远点。我赶人不是一般的,我妈知道我脾气。说一不二,连理都不理你。朋友都很少和我说这么多话,我认为各自有各自的生活,我不爱到朋友家里去,有啥事我就自己琢磨琢磨,琢磨不透就不想了,明天把这个事记到脑子里面,弄到手机里,问和我同龄的、关系不错的朋友,说一些我心里的话,发过去,能看懂的人就给我讲讲。

我曾有想过不结婚,当老爹走了,只剩老娘时,老娘身体不太行,经常说:"妮儿,找一个吧,让你老娘心里落下水行不行啊。"我说:"不中,一人吃饱,全家都不饿。"我娘说:"不行啊,就你没成家了。看你哥哥的娃娃都工作了,再拖都拖到50了,找个伴儿吧,哪怕他给你端口水,总比养个狗、养个猫强吧,陪你说说话嘛。""那行吧。"老人总盼着自己的子女有个家,有个归宿,生病了给端个水,买个药。

后来有人给我介绍了现在的老公,那时我45岁,他42岁,他不介意我不能生孩子我们就结婚了。

他是个老小伙子,在南开发区当警卫,没啥条件,第一眼就相中我这个人。我从来不擦油,不抹粉,这个头发还是当时我的同事给剪坏了,我也不讲究。他高中毕业,我们俩相亲是经过11个不同小区的阿姨聚集在一起闲聊找到的,介绍人老阿姨和我妈妈差不多岁数,也70多岁了。他第一次来我家时把鞋子擦了擦,我嫂子说,人家来见第一面,你也不抹油。我说,抹啥油,我这儿有大宝,就抹了点油,我说要不要抹粉,看时间来不及就没抹,楼底下就有人喊我了。

他姓张,我也姓张,我们坐在一起说话,我说我是70年的,我就问他哪年的,他说他是73年的,我妈就说:"死妮子,给人家倒水喝啊。"我说好,就给他倒水,把水杯搁在凳子上,让他自己喝水。我妈又说:"死妮子,就是不会招呼人。"说完我又开始对男方说:"你家是哪的?"男方说:"我们家是山东人。"我妈又说:"你可好,可中啊。"我就在一边咳嗽,心想你别说口里话了,你就说新疆话行了。反正坐那儿就不自在,我就抓耳挠腮的,那个阿姨就说:"你俩拉拉手。"人家可大度了,把手往自己身上抹了抹,上来抓着我的手说你好,问我在哪上班,我那时候还在天盛上班。最后他说:"行,那咱俩把电话号码留一下。"

我们第一次单独见面他就带我去了纺织厂那边的火烈鸟舞厅,五块钱一张票,后来又去了好几次。我不会跳,他就拽着我,把我踮起来跳,还说我咋啥都不会,怪不得介绍人说白给都不一定有人要。我说:"那你把我送回家。"他回答:"怪不得介绍人说你交流方面不行。"我说:"那你现在后悔还来得及啊,不就是拉了一下手嘛,男人的手嘛,不就是那么大嘛,就是比女人的手大一点。不行我就回家了。"他说:"哎呀,你别走了,咱们今天把这个舞跳完吧,真是笨得要死。你看教你先走哪一步,再走哪一步,就是笨,哎呀,就这吧。"我说:"啊,考虑好了?就这了?"他说:"恩,就这了。我姑妈说了,你人老实,心地好,我要的就是你这个人。但我妈说不同意,她说你比我大,又不能生育,不要。"我说:"你可看好啊,天上就掉一颗星星,掉下来砸住了就砸住了,别怪我。""就这吧,还能咋样子。"他就说,"走,咱们去领结婚证。"我问到哪去领。"笨,我带你去领就行了嘛。"后来他骑自行车带着我,他就会说一个字"笨"。我只会对他说"行啊"。

没办法,我硬着头皮去见了婆婆,我说:"阿姨,我表白了,你儿子的手我也抓过了,胳膊也碰过了,你看吧,我这个人就是这样,白菜萝卜一对,你要就要,不要我就回家。"他妈就摇头,想我儿子咋找了这么个媳妇儿,一点儿不文雅,一点儿不腼腆,没有一点女孩子的秀气。我就坐那个地方,说:"阿姨,你放心,有我一口吃就有他一口喝,我吃稠的,他吃稠的,你给我也是这么着,不给我也是这个样子,今天就是定局,明天我们就去扯结婚证,你同意也罢,不同意也罢,他的胳膊、身体我都看到了,你看着办吧!"事实上他的身体我没看到,我想的是这样说有威慑感,他的儿子是老实人,吓得拉着我手的时候头上都是汗。

我心想就这么着了,萝卜白菜抓住一个就是现成的,他已经出现了,命中注定就是他了。其实刚开始有种触电的感觉,后来触电的感觉就过去了,闪婚了。我觉得婚姻能不说"离"这个字就不说,伤感情。夫妻既然选择了婚姻,命运注定你要和他在一起,除非你们两个的船没有用同一个桨去划它,有可能会破裂,有可能你走东,他走西。婚姻不是命中注定能够走到永久,谁也不敢保证他就是你永远的伴侣,对我们两个来说,就是萝卜白菜。我比他大,方方面面都不会,没干过什么家务,我没他干的好,他经常说:"别浪费我的油,你掌盐了没有,等你掌完盐,菜都糊了。"我干活在他看来都是这儿不行了,那儿不行了。

人是相互的,经历了坎坷才能成长。我没文化,大大咧咧的,哪个字不会了还得找人问,我朋友说:"人长到老,学到老,不要怕自己笨。"说句心里话,我对自己没信心,对他,就像走在跷跷板上,我和我朋友也这样说,我知道,这个路用眼睛看是一马平川的路,可是我心里面老是觉得飘着,一个脚踩着点了,另一个脚在慢慢倾斜。他都是说慢慢就好了,但我总是有点担心,毕竟我们没有孩子,担心因为这个会离婚。

婚后,老公挺体贴我的。我下班回去会做饭,热个馍馍,炒个素菜,荤的不太行,我就把荤的交给他。有的时候他休息了,做了饭会先给我妈送过去。我婆婆离我们挺远的,身体还好,不需要我们照顾。我公公也不在了,我们也得经常回去看看,我和婆婆的感情也还可以。

6.没有孩子的痛

老人经常在我耳边说:"领养个孩子吧,他能吃多少哎?现在生活条件好了,他能花几个?咱们领养个妮儿吧。"

我去孤儿院看过一个姑娘,有点兔唇,一个星期去看她一次,去的时候都是买点文具。她7岁了,我这个岁数的人娃娃应该都十来岁了,所以不能领养太小的。我哥说我想法太多了,没孩子也没事,但我心里老是有这个顾忌,担心婚姻维持不长。

因为不能生育,我的心里总会有疙瘩,有可能是因为老人说得太多了,老人经常说:"不管孬好,领养个妮儿是咱家的,你有粥给她喝碗粥,万一你老公一脚把你踹走了,咱还有个孩子。"说者无心,我这个耳朵里记得多,没有漏掉,心里面有点沉甸甸的。我以前也从家搬出来过,后来想想还是回去吧,总觉得老人吃的饭比咱们吃的盐还要多他们的话还是有道理的。

7. 听老人的话

我总觉得欠父母的,爸爸走了20多年,妈妈身体特别不好,出过车祸,腰受过重创,妈又不让其他人照顾,很孤独,我在这干活就是为了可以照顾我妈。大哥在南疆,另一个哥哥不在这儿,只有一个小哥哥在这边,还到处跑车,家也不在这儿,在独山子。够星星够月亮肯定得够跟前的那一颗星星,只能哪个近跟哪个,所以妈妈对我的要求是不能嫁出石河子。我父亲走之前病了几年,那几年我啥也没干就照顾父亲。父亲是食道癌,最后是吃不下饭饿死的,妈妈病了10来年了。人家说:"人在做,天在看。"自己的父母自己不管谁管,即便对哥哥姐姐我也都一样,不高看谁,也不低看谁,不去欺负哪一个,拿我当家人,他就来,给我打电话有什么事情跟我说,我能帮忙的就尽我的能力去帮。我表达能力不行,但老人怎么说,咱们懂一点,我就是以老人为中心。我觉得老人说的话有道理,没有道理的话他不会说。我自己学历不高,但跟着老人,耳朵里、心里就传承了这个理念,不管老人怎么对你,总觉得他是生你养你的父母,就有责任养他们。现在我没和妈妈一起住,但离得不远,我结婚之前也跟老公说过,妈妈身体不好,希望你能让我经常回家,甚至天天回家。

三、我在兵团

1. 婚姻不幸的闺蜜

我身边也有不幸的婚姻,我有一个朋友,我们在一起上班四年,关系特别好。当时情况很现实,她结婚时男方给了42万,男方有钱,是家里的独苗,有一套房子,一辆车。结果等到她36岁生了孩子,男方一看是女婴,就把营养品往病房外面一放,把房子钥匙往那一搁,把车一开人跑了。不知道跑哪去了,连电话都换了,车子开跑了人消失了。

他们也是有感情的,有感情才能有孩子,没感情哪能冒出孩子,可孩子一出生丈夫就跑了。那时候用小灵通,我们一直都有联系,我打电话她都会接。结果有一次给她打电话没回应,她也好几天没去上班。我们那时都在天盛上班,平常她不着妆,但那次她着妆了,我觉得好奇怪,就去她家找她。那天也巧,我给她打了四个电话都没接,凌晨两点多我过去,上去几下子就把门踹开了,她在自杀,还没来得及割,我就把刀子抢过来了。她说:"我活着是为了这个孩子。"我说:"是啊,这个孩子你是不是得把她带大了,你先告诉我她大了没有,你先告诉我,她会不会自己吃饭,你要死了,这个孩子交给谁?我先问问你。你现在死?快点死,来,不行拿个绳子,那有棵树,你别在房子里面死,你到外面死。"她就伤心了,后来我就说她:"路是靠你自己走出来的,摔倒了。我看到了会把你扶起来,我要看不到呢,摔倒了你就哭一下,拍一拍,爬起来就完了,干啥非要死呢。"

男方消失了几年,孩子8岁的时候回来了,也没有离婚,就这么着了,有他没他我朋友的日子都是这样熬过来的。婚姻都想选择幸福,都想选择美满,只不过谁也不知道有坎坷,谁也不知道有曲折,你看着这个路好走,但不一定把它走直了,不要求你走稳,要求你把它走出来。

我虽然表面特别像男的,但心里是一个传统的女性。一个植物在一个环境里成长,把这个苗苗子栽到土壤里,它要成长,让它长成树,长成什么样子,得有个过程,我就像一个移植的植物,你再移植到另外一个环境里面,还是有点不知道该怎样去接触新环境。回来了是应该接触新的事物,应该接轨,我们这些人心里面都知道,就是不会表达。

2.我和妈妈的不同

我和妈妈这代人的区别就是她们的想法太正统了。

我交的朋友几乎都是女的,没有男的。上初中时候接触过男同学,男同学也追过我,给我写过情书,那时候我的头发还是扎了小辫子的,也有了小手绢,学会了大把地擦眼泪。我觉得老人有他们的想法,有他们的生活,我们这代呢,虽说我们应该走向青年的时代,应该跟上我们现在这代,但是跟不上了,我妈他们这代更跟不上了。在社交方面,我们更不会顾忌,我可以拉着我的男同学,如果是我妈,她会觉得不合适,我让男同学上我家和我一起写作业都有点过了,她会说要保持距离。我妈不停地唠叨,有的时候挺烦的,但没有回过嘴,她说的时候我都一听而过,不吵也不闹,走了就行了。

刚从河南回来的时候我对兵团的感情很陌生,现在不陌生了,知道我是兵团第二代,是个真正的兵团人。

访谈员后记:

> 生活环境不断改变,大大咧咧的外表下是一颗细腻的内心,她可以开放地和男生拉手,又可以保守地听老人的每一句话,在她心目中,老人的话句句箴言,指引了她生活中的路。

下岗再就业

口述人：第九师一六二团　程翠英

第一批下岗失业，第一批下海创业，四处找工作就业，凭着一份韧劲，凭着认真的工作态度，终于可以在单位光荣退休，领到了让她心安的退休工资。

一、连队的生活

1.拥挤的土房子

父亲是支边来的新疆,母亲随父亲从河南嫁了过来,当时的新疆女性比较少,母亲来了之后的第二天就分配了工作:开荒种地。拿起铁锹一锹一锹地挖荒地,那时叫大会战,所有的职工天天开荒、盖房子、种地、放羊。

我出生在一六二团五连,出生的一个月后,奶奶专门从老家来照顾我们,一大家子人住在一间土房子里。那时候好几家人住一排房子,一家一间。家里人口多,住在一起就特别挤,但在当时能有个土房子住已经是不错的条件了。

父母接连又生了三个孩子。三个大人四个孩子,一间半房子,十几个平方米,只够一家人睡睡觉,非常挤。当时孩子多的一家人还要打地铺才睡得下。

大人出去干活时,就会把小孩子放在连队里的托儿所里。我没有上过托儿所,是奶奶一手带大的。记得上小学时,我的学费是一块钱,教室是土打墙的房子。

2.物资的匮乏

小时候家里孩子多,发的苞谷面不够吃,在收割麦子的季节,全家老小都要去地里捡麦子。

当时粮食是限量的,糖特别少,父亲买回来什么好吃的都要藏起来,隔段日子一个孩子发一个,当时我们能有一颗糖吃就特别高兴了。

冬天吃的多是老三样:白菜、洋芋、萝卜。集体种的冬菜,每家都会分一些过冬。肉吃得很少,母亲被分去放羊后,我们才有机会吃到羊肉。记得羊队里每年都要给羊集体洗澡,就是在地上挖个大池子,把羊都赶进去洗,趁这机会宰几只羊,一家分一点来吃。

我们平时穿的衣服都是打了补丁的,过年的时候才有新衣服可以穿,一个人只有三尺布的限量,母亲扯了布连夜给我们做新衣服。

下雨的时候,家里的土房子总是漏雨,屋顶上拉着塑料布也没有用,常常是外面下大雨,屋里下小雨。

夏天洗澡比较简单,到河坝里玩玩水就是洗澡。冬天家里很冷,孩子也多,打水比较麻烦,偶尔烧点水擦擦就行了,估计一个月也擦不了一次。我们打水的地方是口深井,没有辘轳,只能用绳子拔,冬天井口结冰了比较滑,打水也挺危险的。

3.冬天风雪

我们住的连队离团部有12公里。

冬天,荒凉的连队雪下得特别大,深的地方差不多有2米多高的电线杆那么高。那时的风也特别大,吹在人身上特别冷。现在想想是不是那个时候人笨,盖的房子都迎着风向,刮风下大雪的时候就把门堵住了,早上起来时门推不开了,大人就从窗户跳出去,挖开雪再把门打开。小孩子上学路上雪已经没过了膝盖,想走都走不动,走不了多远就累得不行,要是出远门就得赶着毛驴车或是坐马拉爬犁子。

我们的学校离家特别远,得走好几公里。现在回忆小时候的事真的觉得就在昨天。

4. 勤劳的奶奶

幸好我们家有奶奶照顾。奶奶是个特别能干的老人,几个孩子都是奶奶带大的,她天天在家里干活、做家务。

我是老大,下面三个全是弟弟,空闲的时候奶奶会带着我们去捡柴火。母亲那时的工资是36块1毛8,发了工资还要往老家寄一点,根本没钱买煤,都是捡柴火来烧。

小时候地里的野菜特别多,奶奶就带我们去挖野菜吃。奶奶特别会过日子,有句话说河南人做饭全靠一把盐,早上喝糊糊,中午面条糊糊,放点盐,清油更是少得可怜,面条做好了,往上面滴一两滴油花有个味就行了。

奶奶常年做饭,所以我到现在也不太会做,上中学前没有去买过酱油、醋。

我的童年还是很无忧无虑,开心快乐的。反正大家都一样,也不觉得穷,而且有奶奶在,家里有老人的孩子还是很享福的,真没有干过多少家务活,没有真的挨过饿。

5. 上学,恋爱

孩子们上学都是结伴走路去的,土房子教室,木板子搭课桌,自己带个小板凳。

班里学生多,老师很负责,人很好,他们多是上海来的支青。有一个姓周的老师特别严厉,虽然不打我们,我们在他课上都不敢调皮。小学老师就不断告诉我们要好好学习,长大了才能干自己想干的事情。他们特别喜欢学习好的学生,什么事都会先挑好学生去,谁的作文写得特别好,老师就会当范文读给大家听。

中学离家有几公里远。教室不够用,就两个班轮流在教室里上课,上午一个班,下午另一个班。课本不够用,就同桌共用一本书,厉害一点的女生常常自己抓着书看,同桌的男生只能眼巴巴地望着。

中学时,有学生开始偷偷地谈恋爱了。我们班上的回族女生经媒人介绍后,两家大人见几次面,差不多就可以定亲,毕业后就结婚、生子了。

高中时,谈恋爱的同学就挺多的,我和老公十六七岁认识偷偷谈恋爱,没有想到后来还结了婚,一起过了大半辈子。

那时候的高中很难考的,只有一部分同学才能考上,想要考上大学基本上不太可能。

那些年教过我的老师有一个调到了塔城市三中,还当了教务处的主任。听说还有一位老师得了抑郁症自杀了。

6.缺失的家教

父母根本没有时间管我们。父亲一个字不识,看报纸都是后来自学的。父母也不懂怎么教我们讲礼貌,那时候就只是为了生存,根本没有时间想女孩子和男孩子要区别教育,好像只要孩子们有吃有穿活着就好。

我们经常挨打,学习不好打,调皮了打,孩子们出去打架了,回来还要接着挨打,打完了就可以吃饭,如果一直哭吃完接着打。

父母每天干活都有任务的,我们几个孩子就会去帮忙,帮着父母种地、打苜蓿草、打土块,不干活的孩子基本没有。

母亲很节省,还真是能存钱,我高中毕业后毛纺厂招工,要交5000块钱,那时候5000块就是个天文数字,当时家里还差点钱,问厂里人借了一点凑齐,后来慢慢还完了。

塔城老电影院

7. 备战备荒

有一段时间传言我们要和苏联打仗了,连队里家家都要存炒面,把炒好的面粉装进一个军绿色条形的布袋子里,一集合背上随时出发。

大家都很紧张,备战备荒,深挖洞,广积粮。有时候半夜里连队会紧急集合,哨子一吹,全连队的老老少少背着干粮,跟着大部队顺着河道转移。当时,有条件的家庭就把孩子们送回了老家。

8. 看电影,吃黑豆豆

我一直生活在连队,没怎么出过远门。第一次出远门是和奶奶到一连看露天电影《朝阳沟》。那个时候大家都爱看《闪闪的红星》,看了好多遍。放电影的人要到各个连队轮流播放露天电影,我和奶奶就带着小板凳跟着放电影的去看《朝阳沟》,只要放我们就去看,走好远的路到其他连队,看了好几遍还会去。

小时候我们常跑到西山去掏鸟蛋、摘沙枣,山上有狼,有一次狼还在后面跟着我们,吓得我们一路跑回家。我们最喜欢吃地里野生的黑豆豆,酸酸甜甜的,吃得嘴上都是黑色的。黑豆豆吃多了不消化会拉不出屎,小孩子肚子胀得疼,没有办法大人就帮忙用手抠出来。

我们还会到地里去捡麦子、捡瓜子、捡玉米,地里有什么都跑去捡回来吃。那个时候粮食、油、盐、布、糖等都是定量的,人多了根本吃不饱,有段时间也不让养鸡,还要吃忆苦思甜饭。

二、青春岁月

1. 不想种地

连队人少又穷,只有一个小小的商店,我们长大了些就想要离开连队。那时候去团部玩一下都是很奢侈的,团部的人多,还有门市部,到塔城市去玩就更难了。

家里只我一个女孩子,父亲最喜欢我,没事的时候就会骑车带我出去转,外面的世界真的很不错。上高中时我终于可以自己去塔城市了,那时的市区也都是平房、砖房,但有水泥地,还有公园,比连队里干净多了,当时觉得公园前那个马踏飞燕雕像好高大啊,可惜现在没有了。

高中毕业后我分到了连队去种地,地里一眼望不到边。我种苞米,要锄苗,手已经累得不能叫手了,每天早早地爬起来背上水和馍馍就去干活了。累得只有一个想法,就是离开这里,真的没有人愿意种地。那时有一个女孩为了离开兵团就嫁给铁厂沟一个当官的儿子,听说那个儿子脑子有点问题,结婚一年后离了,我们当时还挺羡慕她能离开这里走出去的。

2. 进工厂,结婚,生子

我高中时谈了个对象,他家里也是连队的,母亲不愿意,她不希望我又找个团场的在地里受苦。母亲为了我,把存了一辈子的钱拿出来,再借了点,凑了5000块把我送进了毛纺厂上班,把户口也迁到塔城市。

毛纺厂里多是地方上长大的孩子,高中生不多。他们吃的比我们好,家里条件也比我们好。我是高中生,长得也可以。南疆来的一个姓董的厂长就挑选了几个高中生送到石河子第二毛纺厂学习技术,我学习的工种挺多的,回来后从技术员干到了车间主任。

老公刚开始在一六二团纸箱厂上班,结婚后女儿就在毛纺厂出生。老公隔些时间就过来看一下孩子。老公家里穷,交不起5000块钱进不了毛纺厂。后来父母又借了些钱把弟弟也弄到毛纺厂来上班了。

随着改革开放,日子好过多了。1986年大家集资建的毛纺厂,1992年竟然倒闭了,好多人的钱一下子都打了水漂,我们有些人就把当时生产的呢子提出来卖,几十块钱一米,那时的呢子是货真价实的纯羊毛,我就这样一米一米地卖,卖出来了5000块,把本钱拿了回来。

刚结婚时没有房子,我们就住在婆婆家,我当车间主任的时候,毛纺厂给了一间宿舍,我就把孩子带过去,宿舍里谁有时间就会帮我带一下孩子。每次看到女儿的时候,不是在哭就是在吐奶,怪可怜的。厂里一起住的都是女孩子,带孩子没有什么经验,大家给孩子冲奶时不知道要放多少奶粉,冲得稀稀的,导致孩子营养不良变成了罗圈腿。看着孩子腿那样不知道咋回事,真的吓死我了,后来营养跟上了孩子慢慢地也养好了,我才放心了。

想想这辈子真不容易啊,一直想逃离在团场种地的命运,花光了家里的积蓄好不容易进城有了工作,又下岗了。工厂里比较穷的时候,我们几个女孩子结伴到街上逛一天可以一毛钱都不花,也不懂得看人,根本不知道哪个人有钱,哪个人没钱,也没想过找对象要看对方有没有钱,反而害怕有钱的男人会骗了自己。

3.下岗卖麻辣串

我们在塔城买了平房后,突然下岗了没事做了,想想上有父母、下有孩子,感觉不知道日子咋过,每天都很恐慌。老公的户口也转出了兵团,不想再回兵团种地了,下岗后无法再回到团场批工作,只能在塔城市里打工。

没办法,我们两个人就用架子车拉口铁锅去夜市上卖麻辣串。刚开始的时候怪不好意思的,遇到熟人感觉特别丢人,慢慢脸皮变厚了,大家都是为了生存。第一次摆摊就是在公园马踏飞燕的雕像下,开始只有一两家卖,后来人越来越多,生意怪好的,挣了一些钱,干了近五年。生意好的时候,一天可以挣二三百,有时三四百,我每天都去银行存钱,女儿天天都有零钱买零食吃,她还给幼儿园老师说:"我妈妈每天挣二三百块钱呢!"那个时候菜、肉便宜,成本低,我家的麻辣串味道又好,在当地都挺出名的,可惜没有开个自己的门面店,生意肯定更好。

后来城市规划,卖麻辣串的小散户统一搬到二中对面的中亚集贸城里,里面没有几扇窗户,四周不对流,不通气,大家都在里面摆摊,烟熏火燎的,我的眼睛被熏得总是流眼泪,多年熬夜生活没有规律,身体不好了,竞争厉害了,生意没有以前好,挣不到什么钱就不干了。

4.单位退休

我还在保险公司卖了一段时间的保险,总觉得干保险就是骗人的,也不好意思给人家讲,想讲也讲不透彻,怕理赔的时候被人埋怨。看到保险公司里有的人干得也挺好的,内容讲得清楚也被人信任,有人愿意找她买,我那时就想干一项工作看来还得要自己适合才行。

2006年,在热力公司上班的侄子介绍我去他们单位收暖气费。第一年是临时工,一个月只有400块钱。我这个人做事认真、踏实,干得比较好,完成率比较高,账目也比较清楚,云南来的老总就问我们还愿不愿意干,我们都说愿意,干的时间长了我们就转成了正式职工,开始给我们发养老金、住房公积金。现在我们这些比较被信任的老员工,退休后又返聘回去接着上班。

5.为女儿买房

我一直都认为自己是兵团人,和地方上的人是有区别的,我们家周围的回族较多,我现在还一口标准的回族口音没有变过。

20世纪八九十年代的人民公园

我在塔城买的那个平房住起来不太方便,女儿的男朋友来了之后说冬天在外面上厕所冻屁股。婆婆身体不好,全身伤痛,住平房上厕所蹲不下去。3年前一六二团部盖房子,房价比较便宜,才1680元一平,塔城市区的房价要3000多了,老公不同意在团部买楼房,最后我和婆婆两个女人做决定在团场买了套大房子,一家人一起住比较方便。

前两年,我们在乌鲁木齐又给女儿买了一套楼房,女儿毕业于石油化工学院,女生不太好就业,她又学了会计,比较容易找工作。女儿毕业时在乌鲁木齐打工,和人合租一套房子。我去看她时,看到她住的条件很差,房间又小又有蟑螂,看着可怜就狠了狠心给她在那里买了套房子。现在女孩子结婚不能光靠男的,女孩子一定要有自己的房子才行。一六二团的好多父母都在乌鲁木齐给孩子买了一套房子,大家都觉得亏谁都不能亏孩子。

三、时代记忆

第二代兵团女性比起母亲那一代人吃的苦要少多了,我们更爱收拾自己,也更有闯劲,想干一些自己的事情也敢干,老一代只能按部就班地为了家庭,为了孩子不停地干活、干活。

在生活方面,她们有吃有穿就行了,买什么东西都特别节俭。我们这个时代的人经历了下岗分流、自己创业,只生了一个孩子,各方面有了更多的要求,在教育孩子方面也宽容许多,不怎么打孩子。

兵团就是部队的风格,组织性强。兵团人特别服从命令,一切听从指挥,时间观念也特别强,干什么事还是比较用心的。

离开了兵团这些年再回来看看,年纪大一点的人还是喜欢回到兵团住,这里的生活更平和,团场建设得也很好,整齐干净,公共设施方便,看着也舒服,任何时候我都会骄傲地说自己是一个兵团人。

访谈员后记:

> 累得只有一个想法就是离开这里,真的没有人愿意种地。为了逃离种地的命运,她不断地寻找出路,人生多变,唯一不变的是她认真、努力的态度,终得所愿。

要说就说兵团话

口述人：第七师　红姐

生活曾无忧无虑，也曾艰难困苦。对婚姻她有着自己的坚持与理解。她吃得了工作的苦，却经不起领导的表扬。她从不说普通话，兵团话河南话流畅自然，她为自己是兵团人骄傲。

一、虽苦犹乐,童年记忆

1. 吃公饭,上托儿所

我一直生活在这里,从来离开过。我的父母在河南就已经结婚,1965年一起来到新疆支边。

小时候我们家住的是地窝子,那时父母工作十分辛苦,拾麦子都是一个对时,就是12小时。家家户户都吃食堂,小家不用做饭,全都到食堂吃公饭,大人们回家后一只手抱孩子,一只手提饭盒去食堂打饭、打热水。家里没有老人的,在托儿所成立之前没有人看孩子,只能把孩子放在家里睡觉,那个时候家家户户也不锁门,父母上班时,孩子在家里使劲哭也没有人管。没办法,团机关就动员一批职工带头辞职回家照顾孩子,开始我母亲也被劝着辞了职,她年轻,在家里根本坐不住,没几天就又回到了单位上班去了。那些妇女辞职只靠一个男人工资养活的家庭都很困难,难以维持全家生计,好像一直到了90年代,这一批妇女才开始发生活补助,最初每个月只有60块钱,后来慢慢多了些。

有了托儿所后,我和哥哥住的是全托,父母一个月左右来托儿所看我们一次,团里职工的孩子基本都送到那里,两三岁的孩子就可以入托了,由托儿所阿姨全程照顾。那时的托儿所是土打墙的房子,从大门进去后分成一个个小间。托儿所的小孩子们睡的是木头床,前面还可以打开放东西。孩子们长期在托儿所里吃住,那时候就是吃苞谷面。阿姨们对我们可好了,天天给我们洗衣服、做饭、喂我们吃饭,就像我们的母亲一样,不像现在幼儿园还有打孩子的事。

2.与父亲一起下放连队

"文化大革命"期间,我们全家随父亲下放到了另一个连队。记得那天我们带着全部家当坐着一辆马车去了连队,一住就是18年。

刚去连队时,我们住在一个和地差不多平齐的全地窝子里,房顶有一点尖,顶上有个窗户,我们大概住了两年多。地窝子里冬暖夏凉,冬天烧炉子,一进去就是一个火墙可以烤火,里面支两个床,桌子是顺着墙挖出来,墙上掏几个洞放东西。凳子是用木头钉的,没有什么像样的家具,家里唯一值钱的就是一台缝纫机。这是一个新生连,没什么人,附近还有狼出没,大人每天都要早请示晚汇报,家家户户的门都用木板钉起来的,大人们不在家的时候就要把门锁上,怕狼进来,那个时候都没有听说过小偷,锁门只是为了防狼,晚上睡觉的时候还能听到狼在房顶上走过,所以我们晚上都不敢出去,解手就在地窝子里放个尿盆。

冬天很冷,烧柴火之后就会暖和许多。吃水一直是个问题,夏天可以去井边打水,冬天就到大渠去敲冰,一块块搬回来堆在家门口,用的时候放锅里化成水。我们当时吃的全是苞谷面,有菜,没有肉,鸡蛋很少,很长时间才能吃上那么一两回。我小时候天天盼着过年,因为只有过年才能吃上肉,买肉时家家都想买肥肉,谁家有面子才能买上肥的。肥肉是用来炼油的,炼成大油放起来,炒菜时放一点,菜的味道就香香的!那时是按年纪大小发粮食和油,物资十分缺乏,大家都不够吃,只有过年时家家户户才能排着队端着盆去打油。家里粮食不够吃时,我们就天天吃红薯、洋芋(土豆的别称)、葫芦瓜、南瓜、白菜，一煮一大锅，吃上面条汤都算是好饭，小时候生病了能吃上白面条感觉是件很幸福的事情。

3. 童年的快乐

整个童年我都很快乐。生活贫穷，吃的穿的都不好，连队里一排排房子家家户户都认识，大家关系也很好，见面都会打招呼问吃饭了吗，人和人之间简单又熟悉，这样的生活过得也很开心。

我们一放假就天天一起玩，没有大人教，我们跳皮筋、打沙包、翻绳子、跳山羊、藏猫猫，总能玩到二半夜才回家睡觉。每次父母做好饭，就在门口喊自己孩子的名字，我们听到父母生气了才跑回去。人与人之间的关系特别单纯，没有现在这么复杂，这么冷漠。要是谁家家长出门了，隔壁邻居都热心地帮忙照顾孩子。晚上也不用顶门，棚子里挂的是吃的东西，只是象征性地用栅栏挡一下不让动物吃，也不会有人偷。

二、朴素的学校

我们去了新生连的第二个秋天才有学校，老师都是机关里、团里下放来的人。有中学校长、保卫科科长，这些人有知识、有文化、有经验，连里才找他们来给我们这帮小孩子上课，他们还带着我们学投手榴弹。那个时候的老师都可好了，从不打孩子，教得也好，从初一到初三，老师都好，也从不说难听话，像是父母一样。没多久，奎屯河又来了一批人，需要上学的孩子逐渐多了起来，连队就建了一个复式班，一个教室坐着各个年级的学生，老师先给一年级上课，布置完作业再给二年级上，二年级上完再给三年级上，每个年级都只有几个孩子，一个年级坐成一排，不同年级的学生也可以互相听课。

那时我们只学语文、数学，有时老师也会教我们唱歌，然后带我们出去玩。教室是个半地窝子，里面很大，前面当教室，我们学生在前面上课，后面是连队的妇女们编筐子的地方。半地窝子的人字梁比较高，老师就在人字梁上给我们绑秋千，让我们在里面荡秋千。来年开春的时候又调来了四五个老师。一直到小学五年级毕业，我上的都是复式班，前面是多个年级一起上,后面是两个年级一起上。

小学时母亲在"文化大革命"中受了刺激有点精神病。我年纪小不会自己梳头,雷老师就经常帮我梳头,给我洗脸。雷老师那个时候也不大,也就20出头,人特别好。我们家四个孩子全是雷老师的学生,直到现在我们还叫她雷妈。她上课时在黑板上出一堆题目,让我们赶快做,做完了便给我们讲故事。我还记得她当时给我们讲的是悬疑小说《绿色尸体》,我们都围着她听,虽然十分害怕,但没有人离开。她课讲得也好,我们都愿意上她的课。

读初中时要到团部上,学校比较远,离家有五公里路,连队的孩子都要住校,那时的宿舍是平房,床都是自己带去的,一二十个人住一个房子,没有地方,也没有水可以洗澡,星期六回家时我们就烧点热水擦擦。

父亲是一名初中生,希望我们都能好好学习,但他工作太忙,根本没有时间管教我们,学习全是靠我们自觉。父亲不爱说话,十分倔强,无论做什么都非常认真,眼里不容一点沙子,我们家四个孩子全怕他。只要他在,我们在家里就不能骂人、不能说脏话,但凡讲一点话把子,他都要用眼睛瞪我们,我们都十分害怕。我母亲有些重男轻女,但父亲对谁都一样严格。

那时高考前要预考先选拔一下,不能通过预考的人连参加高考的资格都没有。高中毕业后,我没有考上大学,也不愿意复读,就工作了。我现在觉得自己当时很傻,总想着替父母分担家里的负担,可实际上父亲是希望我们能考大学,他说我们能考多高,他就能供我们读多高。

三、我的父母,我的中年

1. 不断调动的工作

1980年我开始工作,刚开始在古尔图修水库,觉得那是我这一辈子干的最累的活。天天顶着大太阳搬大石头,修渠道。后来我考上了会中班,去干了财会。1987年后我又到党校上了两年学,才知道上学的重要性。党校毕业后我被分到了中学,一直干到团委书记,后来又被调去做会计,到纪委,又到医院,还是做会计,这样干了六七年,又被调到中学教育科,一直干到退休。我工作时从没挨过训,也好像没受过表扬。要是领导表扬我,我会受不了,浑身觉得不自在,所以我给领导讲,干得好也不要表扬我,我认真完成自己的工作,不需要领导表扬我,只要不批评我就行了。

2. 父母与我的生活

我48岁才结婚,属于晚婚,也不知道那个时候怎么想的,觉得和自己年龄差不多的男性很幼稚,看不上他们。我们家情况特殊,父亲刚退休的第二年就因车祸去世了。记得那天早上父亲和平时一样六七点就起床出去遛弯,后来早起锻炼的人就看到父亲倒在了路上,赶忙跑回来喊我们,我们跑去发现他已经去世了。开车的人逃逸了,也没有现场目击证人,连怎么出的车祸也没有人知道。因为检查其他地方没有什么伤,我们后来猜测是天没亮,看不清,父亲在拾路上掉的棉花时被一辆车挂住了,头先着地摔着了。

父亲去世,母亲又有精神病,我就一直陪着她住。2003年,母亲又中风偏瘫,哥哥那时当了政委,他和嫂子工作都很忙,母亲瘫的四年半就一直跟着我过,虽然我也快40了,也不着急结婚,心里觉得无所谓。

四、女儿,婚姻

父亲走了,母亲像没有依托了一样,我就领养了一个孩子。那段时间母亲过得很开心,善良的她很喜欢小孩,谁家孩子都喜欢。现在我的孩子已经20了,在乌鲁木齐打工,孩子很懂事。带孩子这么些年真的很难,其实我和孩子之间是互相依靠。她上小学的时候,母亲病了,我工作又忙,我好强不想耽误工作,她就一个人在家里看护姥姥,六七岁时她就可以帮姥姥擦洗,还在家给姥姥唱歌、跳舞,哄姥姥开心。

我这个人脾气怪得很,没有耐心,常吵孩子。她读到初二时就不想上学了,后来我想都是因为她在上小学那几年,我花了大半的时间去照顾瘫在床上的母亲,没有好好照顾过她,让她读不进去书了。

她上一年级的时候我就让她自己上下学,从不接送,她觉得我对她不好,吵架的时候她就说我,托儿所都是她自己去的。记得上托儿所的头一天我送她去,带她去饭馆吃饭,第二天给她一块钱让她自己去吃饭,也给老板事先说好,然后就让她自己去上学。她当时还只是一个三岁的小孩子,心里当然害怕，我安慰她说不怕，让她自己去。她小时候喜欢和其他人说话，吃了几顿饭就和老板混熟悉了。我在她学校对面的医院上班，常站在路口看着她，我让她过马路的时候左右看，顺着右边走，有时候我能远远地望着她在路口东张西望，没有车的时候就自己跑过去。学校放学的时间比较早，我们下班晚，我也没有时间接她，我就给老师说让她自己来医院找我。老师送了两次，把她送到医院门口，她就在楼下喊："妈妈，我回来了。"我就把她接上来，她就自己玩去了，那时候医院里没有人不认识她。现在我感觉自己很对不起她，如果我那个时候好好管一下她的学习，照顾一下她的生活，也许她现在也会上大学。

我在婚姻方面是个另类。父亲在的时候对我的一个同学说："你看我家养了两个老姑娘，这么大了都还不结婚。"当时妹妹24岁了，我更大。后来妹妹嫁出去了，我依然没有对象。我这个人非常理智，自己的事情自己做主，任何人说了都没有用，很冷静。不像母亲她们就是"父母之命，媒妁之言"。我没有感觉想和谁过一辈子之前，就是不嫁。

在我48岁时遇到了现在的老公，他对我挺好的，我也对他很满意，所以我们两人就结了婚。他是上海支青，比我大14岁，我感觉家庭的幸福感挺高的。他不爱说话，总是让着我，家里都是他做饭、洗衣服，每天打电话问我回家的时间，算好时间给我做饭，我只负责洗碗、拖地。

五、我的兵团情

我觉得兵团人心很齐，能吃苦，兵团的第一代女性也很伟大，又能吃苦又能干，只可惜她们大多没有享上什么福。兵团第二代女性总体来说生活质量比第一代女性好多了，只是她们脑海中仍有些守旧的观念，比较传统。

在兵团这些年，我觉得没有人歧视过我，也许是我的社交范围很小，我只有几个比较好的朋友。我这个人比较正统，一般情况下，我不怎么爱和别人开玩笑，特别是和男同志开过分的玩笑。

小时候我觉得奎屯是一个遥远的地方，隔一天才能有一班车，父母就没有怎么出过远门，我也不敢出门，更不敢也没有想过要出去工作。这辈子我只去过乌鲁木齐、奎屯和伊犁,而且都是同学聚会时一起去的。

我对自己的兵团身份十分认同,如果有人问我是哪儿的人,我都说自己是兵团的。我也从不说普通话,从来都说河南普通话,如果让我假着嗓子说普通话,我觉得心慌,不自然。

兵团就是第一代兵团人创建的。他们辛苦,他们是最听从指挥的一代人,他们付出了毕生,才换得今日的兵团。

访谈员后记:

经历了许多困难,从未向生活低头,她满口的"兵团河南话"起初让我十分不适应,但是当她说出"要说就说兵团河南话"时,一个地道的兵团人形象让人肃然起敬。

戈壁红柳

口述人：石河子大学　陈茹

　　军人家庭出生，家教严格，养成了她能吃苦、独立、喜欢挑战的性格。生活中，她照顾父母、体贴丈夫、关心孩子。工作中，始终纪律严明、一丝不苟。

一、从小自觉、争先

1. 军区院里的童年

1950年我的父亲从中央军委下属单位调干到新疆军区后勤部会训队当了一名教员,专门为军区培养财会人员。1954年新疆生产建设兵团成立后,他是兵团财务部下设的统计科第一任副科长。母亲于1951年从湖南到新疆军区后勤部当了一名女兵。1958年为了家庭,母亲主动要求调到兵团,被分配在兵团机关直属党委办公室工作。

我从小就在兵团司令部的大院里长大,生活条件还行,住的是两间平房。父母都在机关,忙得很,经常出差,没有时间带孩子,家里只有我和哥哥,不像其他家里兄弟姐妹比较多。那时父母出差都是坐绿色的解放牌卡车或者骑自行车到各团场。

5岁时,我在政治部全托的幼儿园上学,小朋友都住在幼儿园,家长周一早上送去,周六下午再接回家。一到周日,父亲母亲会带我们去红山浴池洗个澡,再到商场去买点吃的或者到西公园玩一玩。

小时候我们吃的还行,有玉米面、白面和大米。有段时间家家都在机关食堂吃饭,都不用做饭。我在幼儿园吃的也挺好,每周都可以吃到肉,周六父母接我们的时候幼儿园还会给每位小朋友发一个鸡蛋、一块小点心,所以每到周六,我都特别着急地盼着父母早点来接我回家。幼儿园的时候我特别聪明特别乖,好多事都记得可清楚了,十多年之后幼儿园的阿姨都还记得我。父母忙顾不上来接我时,我就和别的小朋友家长一起走,父母回来再到别人家把我接走。

父母工作都很忙,有时周日也不休息,我就和大三岁的哥哥一起跟着父母去单位上班,在机关大楼里跑上跑下地玩耍。1967年"文化大革命"期间,机关大楼后面的宣传栏里张贴了很多大字报,我们小看不懂,就跟着父亲他们看热闹。有一次父亲在那看大字报,我和哥哥在一旁玩,父亲科里的小吴叔叔骑着三轮车从我们身边路过,让我和哥哥坐上转一圈。我们都没坐过三轮车,哥哥大,一下子先爬上了三轮车,我年纪小,个子小,跑啊跑,也没爬上车,手不知道怎么就夹在车轮子里了,流了好多血,把小吴叔叔吓坏了,现在我的手上还有疤,其实小吴叔叔也是好心想陪我们玩玩。

我的整个童年是在兵团司令部大院里度过,感觉环境挺好的。早、中、晚吃食堂,家里没有锅,爸妈都不会做饭。大院里有警卫排,有站岗的叔叔。院里的孩子们会一起玩,男孩子打牛牛,女孩子打沙包、踢毽子、跳皮筋。我和哥哥小时候穿的比一般的孩子要好,那个时候商场没有什么衣服卖,远在上海的姑夫是服装厂的裁缝师傅,会做好衣服寄到新疆,所以我们从小穿的也比较好。

我的爷爷是木匠,在上海有自己的房子,两个姑姑也在上海,父亲年轻的时候不愿意和他们住一起,要自己闯社会。父亲读完初中后自学了高中课程,到南京一所私立学校当了教师,后来参军分配到了中央军委下属单位,再后来又调干来到了新疆。

2. 家庭会议

父母管教特别严格,要讲规矩、讲礼貌、自立、自强。从小我和哥哥就要

年轻时的陈茹

分工做家务。每个周六晚上父母把我们接回家,吃完晚饭后就要召开家庭会议,母亲会说:"你们两个这周到了幼儿园和学校,回到家要汇报一下,我们要开个家庭会。"我们两个孩子就要汇报一下一周在幼儿园和学校里的情况,做了什么,受表扬了没有,哪里做得不好,有没有被老师批评等,每次都要非常认真地汇报各自的情况。父亲比较严厉,一般情况下不怎么说话,都是母亲给我和哥哥点评。

家庭会议久了形成了一种习惯,一直到我高中毕业,周六都要开家庭会汇报一周思想、学习情况。父母的主导思想是家里每个成员要民主、平等,要有自己的想法,他们会指出我们哪里做得对要继续发扬,哪里不对还需要改进。学习方面好像管得不很严格,父亲说学习要自觉,不是为别人学的,是为了对社会有用。我和哥哥学习成绩都好,基本上不是第一就是第二。

小时候,母亲教我唱歌:"李小多李小多,大的给老人,中的给长辈,小的留给自己。"让我拿到吃的糖果后先唱歌,然后让我分,我就把大的给爸妈,中的给哥哥,小的留给了自己。

二、吃苦中成长

1. 繁华上海

"文化大革命"期间,父母下放到了石河子总场进了学习班。我和哥哥没有人管,学校也已经停课,我们没有学可以上。上海的姑姑把我们接到了上海,爷爷当时还健在,考虑到新疆比较苦,想着要把我和哥哥的户口迁到上海去,在上海上学,将来继承爷爷的家业,父亲不同意,发电报让姑姑又把我们送回了新疆。

那个时候的上海有高楼、奶油蛋糕、巧克力和冰淇淋,我在那边上学可以穿裙子打扮自己。姑夫会根据上海流行款式做好衣服给我们穿,我和哥哥穿的衣服大家都觉得好看,都挺羡慕的。在上海我们待了两年,住在爷爷自己盖的二层楼房里,就是现在虹口公园附近的欧阳路上,离四川北路繁华路段很近,还记得那时候一毛钱可以买好多好吃的。

2. 返回新疆

父亲认为孩子不能生活在这样优越的地方,必须要回到边疆接受锻炼。我们两个从上海回到新疆后,父亲从学习班出来被分配到了石总场的一连去打土块。生活条件一下子一落千丈,突然间什么也没有了,甚至连睡觉的地方都没有,父亲就把家里的箱子拼起来铺上东西当床,后来父亲又买了一个面案板,让我睡在上面。当时我们不懂发生了什么,只隐约觉得是不是父亲、母亲犯了什么错误。

回来后,我和哥哥每天放了学就去帮父亲打土块。当时啥也没有见过,连麦子和韭菜都分不清,后来感觉劳动一下也挺好的,学了好多东西,做孩子感觉不到生活的苦,只是看到父亲每天特别的累。有一次父亲浇水时把腿摔着了,我和哥哥可心疼了,就跑去帮他浇水。那时候我们还是吃食堂,家家都不做饭。连队里的孩子都在一起玩,我讲普通话,他们多是讲河南话,就很羡慕我们从大城市来的人,常常看我们穿的,看我们玩的。班主任看我学习好,可喜欢我了,让我参加毛泽东思想宣传队,到各连队去巡回演出。当时父母说学校有什么活动要积极参加,不仅学习要好,什么活动都要走在前面。

3. 父母的调动

1975年农垦局成立,经审查父亲没有什么问题就提前解放,被分配到了莫索湾一四九团财务科当科长。记得那年冬天,我们一家人坐在装着行李的解放卡车上,天空飘着雪,我们冻得瑟瑟发抖。五年后父亲当了参谋长,三年后又当了副团长,父亲的待遇也慢慢恢复了。1981年兵团恢复后,父亲被调到兵团财务局,筹建兵团财经学校,后任兵团财经学校副校长,学校升格为兵团经济专科学校,父亲任副校长直到退休。父亲干了34年的副处级领导干部,我从没听到他说一句埋怨和牢骚的话。无论把他调到哪个岗位,他都毫无怨言地服从,就像老黄牛一样默默无闻、勤勤恳恳、不求回报、清清白白,一心一意为党和人民的事业耕耘着。他一辈子与财务打交道,但公私很分明,从不以权谋私,一分一厘都算得很清楚,也常教育我们,公家和别人的东西千万不能拿也不能要,这是作为家里的一条规矩,谁都不能违反。家里所购物品父亲全部要开发票,工资收入也要记账,父亲退休时家里只有2万元的国库券和他在领导岗位工作时家里所购物品的一沓发票。这就是我十分尊敬和佩服的父亲。父亲的这种优秀品质,我也继承了下来。

母亲下放到一四九团时在工程连当会计,后调到加工厂三车间当主任,还当过加工厂的副指导员。粉碎"四人帮"后,母亲调到一四九团机关揭批查办公室,揭批查结束后,调到了团组织科工作。

4. 兄妹分工做家务

在团场的11年,我和哥哥同其他家小孩子一样要做家务,从不搞特殊化。当时我9岁,和哥哥要分工干家务活。一人做一星期的饭,另一个人挑一星期的水,我根本挑不动两桶水,每次只能挑半桶回来,只能多跑几趟。团场没有自来水,都喝涝坝水,挑水的地方大概半公里远。下放到农场的时候家里才开始自己做早饭吃,早上就是打玉米糊糊,中午、晚上在食堂吃。父母托人从上海带来了白面,我和哥哥学着发面,把白面和玉米面掺在一起放点糖精烙饼子,一边烙一边吃,大家都觉得很开心。母亲还让我和哥哥比赛,看谁烙的饼子好吃。

每天我们早早起床做饭、打扫卫生,父亲母亲早早去上班。好多事情都是第一次干,虽然累但觉得很好玩,什么都靠自己做,觉得很新鲜。我们住的那栋房子一共有四家人,他们家里都是男孩子,只有我一个是女孩子,他们看到我干活就想帮我,我怕父亲看到就说:"不行,我自己来。"当时真的是所有的事情都靠自己去做。

5. 团场上学

我的性格成长主要源于团场11年的影响。

石河子总场一连的学校特别破烂,没有像样的课桌,就一个水泥台子,也没有像样的操场。没有比较也不知道老师教得好不好,但老师对我们还不错,挺照顾学生,有时候还给我们好吃的,我现在还记得他们的样子。

一四九团环境比连队好一些,路还是土路。最早我们住在团领导的房子,家里铺的是砖,后来我们搬到有院子的房子里,有三间卧室,有厨房,条件比较好。

20世纪70年代初团场里没有零食卖,亲戚从上海寄来糖果时,我就会带到学校分给同学一起吃。上海寄来的巧克力、橄榄、大白兔奶糖,父母每星期给我们发两次,每次给我两颗,我自己舍不得吃,就攒起来带到学校给关系好的同学。有些同学不知道这些是啥东西,就咬一点尝一尝。巧克力是上海儿童食品厂生产的,我把它分成好多小块给同学们尝,他们没有吃过,不知道是什么,好多同学说:"这是什么东西又苦还又甜,难吃死了。"其实我那个时候特别想自己全部给吃掉,但还是大部分都分给同学们吃了。这事已经过去40年了,同学聚会时还会说起吃巧克力的事。

三、艰苦中锻炼

1. 离开上海

初中时,团场的老师基本都是上海、北京、湖北等支边来疆的老三届和被下放的右派大学生,其中还包括易中天的同学。易中天当时被分配在一五〇团,他的同学被分配在一四九团学校。师资当时真是可以的,后来他们大多回城都走了。不论怎样团场学校的教学水平和城市总是没法比的。我高中时是班长,各项成绩综合排名第一。在团场的岁月里,锻炼了我遇到困难和挫折不退缩的性格,越是有困难,越是有问题,我就越是要去试试,看自己能不能应对。

高中毕业时我没能考上大学。我的小学、中学基本上都是在"文化大革命"中度过,在学黄帅、学张铁生交白卷的影响下,天天打土块,到连队劳动接受实践教育,学习科学文化知识变成次要的,基础实在太差了。在那样的环境下,我还是坚持上课认真听讲,按时完成学习任务,班里的同学基本上都在抄我的作业。考大学时我报的理科,可能如果报文科就会好一些。

第二年我去上海复读。姑姑家四个孩子全是大学生,姑父走得早,父亲资助他们读书,一直供他们读到大学毕业。表姐表哥都非常愿意帮我复习考大学。给我联系到鲁迅中学复读,表姐已经是高三的语文老师,姐夫在教政治,表哥要教我数学,他们每人都分配了科目教我,让我报考上海的大学。

在上海复习了两个月后,我很想念家,想着父母都在团场辛劳工作,而我却在上海复习考大学,我想人生不只是考大学一条路可选择。最后决定不上大学了,决心回到农场陪父母生活,并到连队去工作,当一个农场职工磨炼自己。

上海对我没有什么影响,对上海的繁华也没有什么感觉。我只是觉得不能自己在上海无忧无虑地生活,父亲年纪大了身边要有人照顾,那时哥哥当兵去了,弟弟一直在上海(后来弟弟生在上海、长在上海,由姑姑带大,新疆好多人都不认识他)。我就想回新疆工作,陪在父母身边。当时学校缺英语老师,校长知道我学习好,就留我回团部学校当老师,我没有去,不想从学校才出来,又进学校,我要到连队劳动接受锻炼,想看看自己到底有没有意志力,能不能吃得下苦。父母也同意我的选择,说我自己的事情自己选择。我就去了不太远的连队,每天回家能照顾爸妈。那个时候父亲已经是副团长了,完全可以叫个车送我去连队,我没有让父亲帮我这个忙,而是自己一个人打上行李,骑个自行车就到连队报到了,当时被分配到了青年班当了一名正式职工种地去了。

2.撒沙子、铲猪粪

我去青年班正好是10月份,收棉花的季节,棉田地里要有人过秤,排长看我谁也不认识,就让我去过秤。那时候有很多人造假,认识的人都不好意思说,为了压秤有在里面放石头、砖块的,有倒水的。我很认真,每次过秤的时候,看到有人作假就说:"大姐,你这样做是不是不合适?你拿出来,该给你多少就是多少好不好?"她们一听我说的是普通话,就打听我是哪里来的,我就说自己是加工厂的,爸妈都是工人。他们也就不说什么了。那里只有连长和指导员知道我是团领导的孩子,父亲说要让我自己锻炼,不让其他人知道。

冬天要给棉花地改良土壤,往地里掺沙子,手扶拖拉机一车两斗沙子要分成四堆,一人一天16堆任务,要把沙子往地里撒开,要撒得均匀,一堆撒开后要和另一堆接上,可以更好地改良土壤。我听排长说得方法,就按照要求去操作,我从早干到晚上下班时也完成不了。我看青年班其他同志每天很快就撒完了,就去请教他们是怎么干的,他们让我看他们撒的沙子,我仔细一看,他们随便把沙子撒开,并没有按要求把沙子撒均匀,都在应付差事。我不能那样做,还是按要求坚持撒到均匀,一片与一片接上,比他们付出很多时间和辛劳。每天,我会提前2小时去地

1981年的陈茹

里开始劳动,晚上晚2小时下班,才能完成一天的工作任务。当时我的双手全部磨出了血泡,疼痛难忍,就用纱布缠在手上,第二天继续干,到现在我的手上还都是老茧。排长看我工作比较认真、能干,人比较实在,也不挑剔,就推荐我当了连队的工会委员。

一年半之后,父亲调回兵团财务局,家里只有母亲一人,母亲多年劳累,有多种病,不能挑水、干重体力活了,我就请求调回团部工作照顾母亲。劳资科就把我分配到团机关管理科后勤班上班,负责养鸡、喂猪。我的一个高中同学也被分配去打扫猪圈,那个猪圈已经很久没有打扫过了,里面是厚厚的一层猪粪。后勤班长让她把里面的猪粪全铲干净再拉走,我的同学当时就说不愿意干,班长便批评她,我就对班长说:"让我和她一起干吧。"整整干了半个月,我们终于把所有的猪圈打扫干净了。那段时间,我天天一走进家里的院子,就先把衣服全脱在外面,赶紧洗洗,全身上下都是臭猪粪味。每天累得吃了饭倒头就睡着了,醒来接着出门干活。

3. 炸油条、卖大肉

父亲从团场调走之前也没有托人照顾我一下,但管理科的领导还是挺照顾我的。他们把我调到了招待食堂打杂,洗菜、端盘子、炸油条,那时的机关食堂挺忙的,我就学着帮忙炸油条、卖油条。我高中的同学有当老师的,

他们来买早餐就会问:"你怎么在卖油条呢?"我听了以后也觉得没什么,好像也没有什么不好意思的,我就是来锻炼的,干一行就干好一行,这样差不多干了半年。

后来,团机关管理科成立了一个服务点,为方便团部职工生活,冬天卖大肉,夏天卖西瓜,就把我抽调去了。夏天我和几个职工要卸瓜、卖瓜。冬天坐着拖拉机一个连队一个连队地去卖大肉,我给大家记账、收钱,大家要凭票来买肉。记得冬天我穿着厚厚的军大衣坐在拖拉机上咚咚咚咚地颠簸着,脚上穿的是军用大头鞋,风飕飕的,全身都冻透了。每到一个连队,我们的帽子、口罩上全是白霜,就那样卖了整整一个冬天的大肉。

4. 沤烂的玉米秆

第二年我又回去养鸡、养猪。夏天我们要到沙包里打骆驼刺,砍断后用叉子装到马车、牛车上拉回来,再用机器把它们打成浆,和其他饲料掺在一起喂猪。8月份最热的时候,班长知道我是领导的孩子了,就想整我。他让我的同学去割苜蓿喂鸡,让我一个人去把已经堆了三年的、沤得烂烂的、臭臭的玉米秆打碎。这些玉米秆本应该当年打的,班长让谁干谁都不愿意干,就这样一年一年地拖着。这一堆玉米秆散发着一股子霉烂的味道,其他人都给我说:"别听他的,他故意整你的。"我没有听好心人的劝阻,就戴着大口罩,用差不多一个月的时间把这堆玉米秆全部粉碎完了。那时每天从头到脚都是碎玉米秆渣渣。班长后来不好意思地和我说:"对不起,我本想整整你的,因为团领导家的孩子都是娇生惯养的,没想到,你一声没吭就把几年没人干的脏活给干完了,以后不会再让你干这么脏这么累的活了。"

5. 工作调动,一路成长

父亲调走以后,我怕母亲一个人在家没有人照顾,团里考虑到我家里的情况,也看我工作勤恳,吃苦耐劳,就把我调到了机关当了一名打字员,这样我就不用再跑很远的地方干着重体力活了,可以在机关上班照顾到母亲。

后来,父亲调到兵团财校工作,我和母亲也调了过去。我开始逐渐的成长,从一个一般的工作人员,慢慢地成长起来。但对知识的渴求,上大学的梦想一直都没有放弃,终于在1985年我以高分定向考上了兵团党校政治理论专业成人大专班脱产学习,实现了自己上大学深造的梦想。经过两年的理论学习我以优异的成绩,被学校评为优秀学生和优秀共产党员。回到工作岗位之后,我以更饱满的激情和所学专业知识,勤奋努力工作,学校领导觉得我工作认真,就提拔我当正科级纪检员,同时还兼组织、人事、劳资等工作,后来当了学校党、校办主任。虽然工作很多,但我觉得对我都是新的挑战。

四、爱家庭、爱工作,永远年轻

1. 父母在哪哪就是我的家

父亲在别人眼里就是平易近人,完全没有架子。哥哥从部队复员后去了徐州,弟弟一直在上海,只有我跟着父母一直在一起,父母老了得有孩子照顾他们。所以父母在哪,我就跟在哪里。

石河子大学合并成立后,2003年我从五家渠商学院调到了石河子大学组织部。时间真是过得特别快,我在石河子大学都已经十几年了。孩子都工作、结婚了。父亲去世后,我把母亲接到身边一起生活,她已经85岁了。

父母都是新疆军区转业的军人,一直都有军人气质,经常召开家庭会议,有什么事还要票决制,一人一票。我自己的小家不一样了,大的事情基本上老公说了算,他是河北人,有些大男子主义,我不想和他吵架,即使我有道理也尽量不争。在家里我还是比较传统的女性,带孩子,也学会了做饭。原来是母亲做饭,后来母亲身体不好了,自己开始做,照顾一大家子。

2. 继续工作

2007年以来,我一直照顾着母亲。

2016年12月我可以退休了,领导说:"你没有啥事,看你样子也不像55岁就继续干吧,可以干到60岁。"但我想给年轻人让位,领导说:"你经历了这么多,现在的党务女干部比较缺,你就继续干吧。该担当的时候还是要担当"。我想既然领导信任我,我也能理解学校的难处,就接受了这个挑战。老公说:"在家里也没有啥事,光在家里照顾老人可能也不行,人不能没有精神寄托,干个工作反而好些。"女儿也说:"母亲不用管我。"女儿工作了五年后又去读了研究生,她说:"依你对工作的执着还是应该继续干。"现在,我就自己累点,虽然辛苦点精神挺好的。

3. 学生工作,永远年轻

2005年我从石河子大学组织部调到师范学院开始管学生工作,这些年不断轮换学院也都是学生工作。这段时间感觉工作压力还是挺大的,当前每个学院的情况不同,工作的着眼点和方法也都不一样的,对我来说都是一种挑战,我就是喜欢挑战。

在师范学院时,教育系陈洪云同学与宿舍同学拌嘴而动手打架,学办辅导员和系总支书记都找他谈,他都不接受。系里和学办准备建议给予他处分,他不服,就气呼呼的直接找到我,他把与宿舍同学打架之事和学办要给他处分的事给我诉说了一遍。我听完之后感觉他是有怨气的,就与他好好地谈了谈心,了解到他内心深处思想情况。原来他高中就读于湖北有名的黄冈中学,本以为自己学习不错,可以考到清华、北航等高校,但事与愿违,高考发挥失常,分数不理想,一气之下报考了远离家乡的石河子大学,被调剂到教育学专业,内心深处挺有抵触情绪的,所以看谁都不顺眼,跟谁都没有好话,喜欢自己独来独往,一门心思放在学习上。当时与舍友打架,就是因为同学影响到了他学习。了解到这些情况后,我给他心平气和地做了思想工作。首先,肯定了他刻苦学习的钻研精神,值得同学们学习;二是与同学吵架、打架是不对的,不能因为影响自己学习就吵和打,这本身就是素质不高的表现。经过两个多小时的交谈,他的情绪开始有所变化,但还不太愿意认错,我就让他先回宿舍把老师的话好好想想,看看是否有道理,如果还想不通,可以找我,我们继续交谈。没过两天,他又来我办公室想和我谈谈,我放下手中的工作,又与他交谈了两个多小时,感觉到他的态度有了明显的改变,就趁热打铁,让他向辅导员和系总支书记承认自己的错误,求得老师的谅解,同时也要给打架的同学赔礼道歉,他当场答应了。我同时告诉他,要看他认识错误的态度来处理这次打架之事,他说:"老师我听你的,怎么处理都行。"

后来他又找我谈了两次心,请求我能否在他毕业之时,把处分给拿掉,我答应他如果表现突出考上研究生,我们学院讨论研究可以把处分拿掉。

他听了非常兴奋,表示一定要好好学习,改正自己的错误,争取考上研究生。这事之后辅导员和系总支书记给我反映,陈洪云真的变化很大,在班里乐意帮助学习差的同学补习功课,积极参加班级活动,与过去判若两人。我真心为学生能够快速成长感到高兴。后来,他还经常到我办公室来汇报他的学习和生活情况,特别是自己的思想,我感到他真的长大了、懂事了。快毕业时他到我办公室来高兴地告诉我说:"陈老师,报告一个好消息,我考上北航的研究生啦!"我当时心情和他一样特别的激动,感觉所有的一切都是值得的。

现在他已经毕业到海口某银行工作,结婚并有了一个可爱的孩子。时过八年,去年春节他打电话给我,说他现在有了孩子,更加认识到教育的重要意义,如果他没有遇到我这样的老师,也许他的人生就会是另外一种,他一辈子都不会忘记我给他提出的要求和建议,让他的人生更加有意义,生活更加甜蜜。我听了也非常感慨,我说作为老师我就是你人生道路上的陪护者,在你遇到困难挫折时给予温暖和支持;当你犯错误时,给予指导、修正,这就是做老师的职责。

我还记得有一位非常特殊的女生叫周玲。那是在2008年9月份,新生刚开学报到不到半个月,有同学给辅导员反映,一个叫周玲的学生常常一个人坐在宿舍床上面对着墙,一坐就是两三个小时,也不与同宿舍同学说话,吓得同宿舍的女生不敢回宿舍。辅导员知道情况后找她几次,她什么也不说,辅导员便把这一情况告诉了我,我就利用晚上时间到她所在的宿舍去看看。第一次去,我说明了来意,就是来看望刚入校的新生,因为同学们来自全国各地,尤其是南方的学生刚到新疆很不适应干燥的气候。我一一问了每一个同学家是哪里的,生活了一段时间怎么样,在生活上还有什么困难老师能帮助的,同学们一一回答了我,都说没有什么问题,慢慢就适应了。当我问到周玲,你家是那里的?她告诉我家是四川的,再问她是否适应新疆的气候和生活,她却一声也不吭了。我看到她不太愿意再回答我,就转移话题,让同学们尽快适应大学生活,并提醒南方来的同学们,要多喝水,再买个润唇膏涂在嘴唇上,避免嘴唇裂口子,然后我就离开了周玲的宿舍,并把周玲的状态告诉给了辅导员。辅导员也感觉周玲不太愿意与人交流,到底她是性格内向的缘故还是另有隐情,辅导员显得很无奈。由于找周玲好几次,周玲都拒绝与辅导员沟通,在这种情况下,我给辅导员说,还是我去与周玲再谈谈,看看到底是什么原因不愿意与人交流。

我随后到周玲宿舍去了三次,她只是坐在床上不说话。我就与同宿舍的其他同学交谈,询问最近的学习、生活和与班里同学之间的关系情况都怎么样,同时,也询问她们是否给家人打电话,汇报自己在大学的情况。有的同学说给家人打了电话,有的说还没有与家人联系,我就提醒她们一定要抽空给家人打个电话,汇报自己的学习、生活情况,让家人放心。通过几次与这个宿舍同学们的交流,同学们逐渐对我熟悉起来了。慢慢我就开始接近周玲,我让她与我一起在宿舍外面走走,聊聊天,她欣然答应了。我开始询问她家里还有什么人,都在干什么。她告诉我,家里有外婆、爸妈和弟弟,爸妈都在外打工,家里只剩下外婆和弟弟。说着说着她一下子大哭起来,我马上安慰她,让她冷静一下,慢慢告诉老师有什么困难,看老师能否帮助解决。她说,陈老师我看你经常来看望学生,那么关心我们,我告诉你我家的情况,你千万别跟别人说,你先答应我,我再告诉你。看到她认真的样子,我答应了她。

她告诉我,她家是四川汶川的,地震全家都幸运地活着,只是姥姥一条腿被砸断了,家里房子和所有的生活用品全部没有啦。说着说着她又大哭起来。我就搂住她一边安慰着她,一边把话题岔开,让她安静一下。她接着告诉我说,地震后,家没了,全家都住在一个简单的临时帐篷里,爸妈要外出打工挣钱给姥姥治腿伤,家里就剩下她和弟弟两人照顾着姥姥,她时常睡觉时就会做噩梦,吓得她晚上不敢睡觉,心理压力特别的大,而且马上又面临着高考,对未来生活已经无望,自己想着干脆自杀,什么都不用去想了,于是就拿着一把小刀割腕,没想到被姥姥发现及时制止了。姥姥说,是我拖累了你们一家,该死的人是我而不是你呀,你要是有个三长两短我怎么给你爸妈交代呀!听到姥姥这番话,她上前抱住姥姥,祖孙二人痛哭起来。她给姥姥承诺自己不会再自杀了。但高考临近,为了远离噩梦,她填报志愿时报了新疆石河子大学。

现在虽然被大学录取了,但自己怎么也高兴不起来,因为姥姥住院要花钱,自己的学费是中学考上大学时给奖励了3000元,而生活费自己已经无法解决了,不想为此再问家里要,所以每天都在这种压力下度过,不知今后该怎么办才好。听了周玲的哭诉,我理解她不愿意与人交流的原因。我劝她办法总比困难多,而且学校可以帮助学习好的贫困生争取助学金,也可以通过绿色通道争取贫困生贷款。她听了我的话说道:陈老师,我不想让同学们知道我是贫困生,让别人瞧不起。我就给她讲国家对贫困生贷款的政策,以及通过自己努力拿到国家给的助学金,这不是丢人的事,考取我们师范学院的60%都是贫困生,这不会成为同学们瞧不起的理由,只要通过自立自强,获取的都是学校鼓励的,你不用担心。学院同学之间没有贫富差别,有的是学习勤奋与不努力、思想进步与落后、生活节俭与奢侈之间的差别,老师和辅导员都会在这方面做好同学们的引导教育工作的,你放心,老师会帮助你渡过现在这一难关的。随后,我又问她是不是这个月没有生活费,她看着我点点头,我看得出周玲是个非常要强的学生,所以没有直接说我给她生活费,而是委婉地说:老师先借给你一些生活费,等你以后有钱了再还给老师行吗?她的眼里含着泪水没有说话。我约她第二天下午下课到我办公室来,我给了周玲500元钱,300元钱可以够吃饭,200元钱用作购买一些女孩子的日用品,并表示我不会给任何人说。她接过我给的500元钱说,老师您是我的恩人,我一定努力学习,不辜负您的期望,我不会给您丢脸的。我对周玲说,作为老师,都希望自己培养的学生能好好学习,以优异成绩毕业,成为社会有用之才,只要你努力,老师相信你会成为好学生的。

从那以后,周玲会经常到我办公室来汇报她的思想、学习和生活情况,辅导员也会给我汇报近期周玲的情况,慢慢地周玲的性格开始变了,并积极参加学院社团志愿活动,我支持并鼓励她一定要把别人对自己的帮助化作去帮助他人的行动。到了大三,周玲已经是系学生会的宣传部长,代表学院参加大学辩论赛还荣获了最佳辩手奖,每学年还分别获得二等、一等奖学金。她的进步我一直在关注,也让我在思考。如果周玲没有遇到我,改变了她原来内向孤僻的性格,那她会变成什么样的学生呢?到了大四,周玲成熟了许多,而且她告诉我她英语六级已经过了,自己想考研究生,我知道了她的想法,积极鼓励她,把精力放在考研上,有什么困难告诉老师,我想办法给她解决。周玲说,老师您的一番话就是对我最大的精神力量,我现在什么都不缺,我一定要实现老师期望,我能成为社会有用的人,我一定要考上研究生。

到了临近毕业的第八个学期,有一天周玲来到我的办公室,报告一个好消息,说她已经被厦门大学录取了,准备去复试,临行前给我送来自己亲手绘制的一幅画像,画像的主人公就是我。我谢谢她的用心绘制,我会好好珍藏,希望她复试能够成功。她一星期后回到了学校,高兴地告诉我,她已经顺利通过了复试。我也是非常激动,为有这样优秀的学生而感到骄傲。在我主管学生工作的过程中,像这类有特点、有个性的学生遇到的不少,虽然为他们操了不少心,也花费了很多时间做思想工作,但通过自己的工作,让他们成长了,看到他们毕业时都成为优秀的人才,感到发自内心的欣慰和快乐!

4.公益在行动

现在有很多企业想做慈善事业、做公益,又不知道怎么做才能取得好的社会效益。我建议企业家们在高校做,这里的贫困生比较多,大学面向全国招生,现在慈善、公益对他们资助,将来他们就是满天星,会把慈善、公益事业传到全国。

经管学院就有青年志愿者协会,这也是全国的先进。通过我的介绍,有的企业家很愿意将慈善、公益做到大学来。去年这些企业一共给了我们学院1万多件牛奶,我们分给了4个贫困生较多的学院,企业还给我们学院50名贫困生每人资助了5000元,解决了这些贫困生的生活困难,真的是一种欣慰。

访谈员后记:

> 明明可以去繁华上海过都市生活,为了照顾父母留在了荒凉的团场,干着粗糙的体力活,这种精神在教育事业中继续发挥着重要的作用,一路走来,犹如戈壁荒滩上顽强绽放的玫瑰。

后记

历经磨砺，书终于可以出版了，参与的学生们都很高兴。已毕业的周雪当时在上海工作，她在上海的地铁里又重读了这些故事，禁不住流下了眼泪，她真心希望看到这本书的读者能感受到那个年代的母慈子孝、兄友弟恭、邻里和谐。她们有些人生来贫苦，靠自己艰苦奋斗改变了自身以及下一代的生活；有些人生活宽裕，依旧脚踏实地甘愿吃苦扎根建设兵团；有些人曾想逃离，周折半生发觉最怀念的还是兵团；有些人从未离开，赡养父母照顾子女；有些人半生波折受尽苦难，终和命运和解；有些人终生平凡淡然容易满足，面对生活从未大悲大喜。她相信在兵团上大学的四年将影响自己一生。

在重庆工作的刘佳艺想起采访时说，她们都很腼腆，对着镜头会害羞，也会不停地询问：我这个造型行不行？这个衣服可不可以？哎呀，还是不要采访我了，我也没啥好采访的……分享爱情故事的时候她们的模样质朴又可爱……

在南京读研的曹一凡每次翻开采访时搜集的照片，看着笑得开怀的阿姨和那些老物件，总能回想起她们的故事，有哭有笑，有苦有甜，有争吵也有安宁，感觉她们的故事会在脑海里一帧一帧回放，清晰又难忘。

在成书的过程中，我得到了众多亲朋好友、领导同事的帮助。和学生在一起的时候，他们富有朝气又欢乐的模样感染着我。在出版过程中，各位专家、编辑给了我许多宝贵的建议。所以一本书不是一个人能够完成的，而是众人温暖与爱的传递，希望爱的故事遍地开花。